高等职业教育职业核心能力系列教材

信息素养
——吾将上下而求索

主　编　刘于辉　罗　瑜
副主编　陈小虎　李婉倩　孟会敢　周　靓

北京理工大学出版社
BEIJING INSTITUTE OF TECHNOLOGY PRESS

版权专有 侵权必究

图书在版编目（CIP）数据

信息素养 / 刘于辉，罗瑜主编 . —北京：北京理工大学出版社，2020.8
ISBN 978 – 7 – 5682 – 8900 – 9

Ⅰ.①信… Ⅱ.①刘…②罗… Ⅲ.①大学生 – 信息素养 – 信息教育 – 研究 Ⅳ.①G254.97

中国版本图书馆 CIP 数据核字（2020）第 148668 号

出版发行 / 北京理工大学出版社有限责任公司
社　　址 / 北京市海淀区中关村南大街 5 号
邮　　编 / 100081
电　　话 / （010）68914775（总编室）
　　　　　 （010）82562903（教材售后服务热线）
　　　　　 （010）68948351（其他图书服务热线）
网　　址 / http：//www.bitpress.com.cn
经　　销 / 全国各地新华书店
印　　刷 / 唐山富达印务有限公司
开　　本 / 787 毫米 × 1092 毫米　1/16
印　　张 / 13　　　　　　　　　　　　　　　　责任编辑 / 朱　婧
字　　数 / 179 千字　　　　　　　　　　　　　 文案编辑 / 朱　婧
版　　次 / 2020 年 8 月第 1 版　2020 年 8 月第 1 次印刷　责任校对 / 周瑞红
定　　价 / 36.00 元　　　　　　　　　　　　　　责任印制 / 施胜娟

图书出现印装质量问题，请拨打售后服务热线，本社负责调换

丛书编委会

主 任： 张进明

副主任： 罗 瑜　马祥兴　徐 伟

委 员：（按姓氏拼音排列）

金春凤　赖 艳　李伟民　刘于辉　陆樱樱　马树燕
时 俊　施 萍　苏琼瑶　王慧颖　王闪闪　王霞成
徐 晨　杨美玲　殷耀文　俞 力　张庆华　张香芹
周少卿　朱克君

序

职业能力包括三个方面，即：职业特定能力、职业通用能力和职业核心能力。

职业特定能力是指从事某种具体的职业、工种或岗位，所需对应的技能要求，主要用于学生求职时所需的一技之长。职业通用能力是一组特征和属性相同或者相近的职业群（行业）所体现出来的共性技能，主要用于积淀学生在某一行业未来发展的潜力。职业核心能力是适用于各种岗位、职业、行业，在人的职业生涯乃至日常生活中都必须具备的基本能力，是伴随人终身成长的可持续发展能力，主要用于提升学生职业发展的迁移能力。

亚马逊贝索斯经常被问到一个问题："未来十年，会有什么样的变化？"但贝索斯很少被问到"未来十年，什么是不变的？"贝索斯认为第二个问题比第一个问题更重要，因为你需要将你的战略建立在不变的事物上。

随着知识经济时代的发展，职业结构也发生相应的变化，社会财富创造的动力正由依靠体力劳动向依靠体力和脑力劳动相结合的方向转变，随着生产技术的进步，处于职业结构金字塔底端的非技术工人和中间的半技术工人的比例将严重下降，而最受欢迎的将是具备多方面能力和广泛适应性的高素质技术人员。调查显示，企业最关注的学生素养因素排名前十位依次为：工作兴趣和积极性、责任心、职业道德、承担困难和努力工作、自我激励、诚实守信、主动、奉献、守法、创造性。这些核心素养比一般人所看重的专业技能更为重要，是一个企业长足发展的内在不竭动力。

因此，职业教育中必须有"核心素养"的一席之地，来帮助传递关键能力，如应对不确定性、适应性、创造力、对话、尊重、自信、情商、责任感和系统思维。

为此，昆山登云科技职业学院在广泛调研和借鉴国内外高职教育的经验基础上，在校级层面开设四类职业核心能力课程：专业能力类、方法能力类、社会能力类、生活能力类。

◆ 专业能力

1. 统计大数据与生活

在终极的分析中，一切知识都是历史；我们现在拥有的知识都是对过去发现的事物的归纳总结以及衍生；在抽象的意义下，一切科学都是数学：所有的知识都可以归纳为对数学的推理和运算。在大数据时代下，一切都离不开数据，而所有数据都离不开统计学，在统计学作用下，大数据才能发挥出巨大威力，具有实实在在的说服力。

2. 用Python玩转数据

数据蕴涵价值。大数据时代，选择合适的工具进行数据分析与数据挖掘显得尤为重要。Python语言简洁、功能强大，使得各类人员都能快速学习与应用。同时，其开源性为解决实际问题和开发提供强大支持。Python俘获了大批的粉丝，成为数据分析与挖掘领域首选工具。

3. 向阳而生，心花自开——大学生心理健康教育

保罗·瓦勒里说：心理学的目的是让我们对自以为了然于胸的事情，有截然不同的见解。拥有"心理学"这双眼睛，才能得到小至亲密关系、大到人生意义的终极答案。进入心理学的世界，让你看见自己，读懂他人，建立积极的社会关系，活出丰盈蓬勃的人生。

4. 审美：慧眼洞见美好

吴冠中说："现在的文盲不多了，但美盲很多。"木心说："没有审美

力是绝症，知识也解救不了。"现在很多人缺乏的不是物质，也不是文化，而是审美。没有恰当的审美，生活暴露出最务实、最粗俗的一面，越来越追求实用化的背后，生活越来越无趣、越来越枯萎。审美力是对生活世界的深入感觉，俗话说：世界上不乏美的事物，只缺乏那双洞察一切美的眼睛。一个人审美水平的高低，在一定程度上决定了他竞争力水平，因为审美不仅代表着整体思维，也代表着细节思维。

◆ 方法能力

5. 成为 Office 专家

学习 Office，学到的不只是 Office。职场办公，需要的不仅是技能，更需要解决问题的能力。会，只是基础；用，才是乐趣。成为 Office 专家，通过研究和解决所遇到的 Office 问题，体会协作成功之乐趣。

6. 信息素养：吾将上下而求索

会搜索是一种解决问题的能力。快速、便捷地搜索全网海量信息资源，最新、最好看的电影、爱豆视频任你选；学霸养成路上的"垫脚石"，论文、笔记、大纲、前人经验大放送；购物小技能，淘宝、京东不多花你一分钱；人脉搜索的凶猛大招，优秀校友、企业精英、电竞大神带你飞；还可以来一次说走就走的旅行，等等。让我们成为一名智慧信息的使用者。

7. Learning How to Learn 学会如何学习：从认知自我到高效学习

学会如何学习是终极生存技能。为什么学？学什么？如何学？一直是学习者关注的话题。掌握正确的学习方法，是改变学习效果的关键，也是改变人生的关键。只要找到了适合自己的学习方法，学习就会变得有意思，你也会变得更有自信，你的世界也会变得更加多元……

8. 思维力训练：用框架解决问题

你能解决多高难度的问题，决定了你值多少钱。思维能力强大的人，能够随时从众人当中脱颖而出，从而源源不断地为自己创造机会。这是一套教你如何用"思维框架"快速提升能力，有套路地解决问题的课程。

◆ 社会能力

9. 职场礼仪

我国素享"礼仪之邦"的美誉,礼仪文化源远流长、博大精深。"礼"表达的是敬人的美意,"仪"是这种美意的外显,礼仪乃是"律己之规"与"敬人之道"的和谐统一。礼仪是社交之门的"金钥匙",是人际交往的"润滑剂",是事业成功的"法宝"。不学礼,无以立。

10. 成功走向职场——大学生的 24 项修炼

通过技能示范、角色扮演、大组和小组讨论、教学游戏、个人总结等体验式教学法,帮助青年人加强个人能力,如沟通、自信、决策和目标设定;帮助青年人发现并分析自己关于一些人生常见话题的价值观;帮助青年人形成良好的自我与社会定位,能够用符合社会认知并且理性的方式解决问题和冲突;帮助青年人构建学以致用的职场技能,提高青年的学习生活与工作效率,让自己更加接近成功。

◆ 生活能力

11. 昆曲艺术

昆曲,又名昆山腔、昆剧,是"百戏之祖",属于"阳春白雪"的高雅艺术。昆曲诞生于元末江苏昆山千墩,盛行于明清年间,迄今已有 600 多年历史。昆曲是集文学、历史、音乐、舞蹈、美学等于一体的综合艺术。2001 年,昆曲被联合国教科文组织授予"人类口述和非物质遗产代表作"称号。

12. 投资与理财

投资理财并不只能帮助我们达到某个财务目标,它还可以帮助我们建立一种未来感,让我们把目光放得更长远,实现人生目标。本课程通过介绍投资理财的基础理论知识来武装大脑,通过介绍常见的投资理财工具来铸就投资理财利器。"内服"+"外用",更好地弥补你和"钱"的鸿沟。

13. 大学生就业指导与创业

当你对自己的梦想产生怀疑时，生涯规划会为你点亮通往梦想的那盏明灯；当你带着梦想飞翔到陌生的职业世界，却不知如何选择职业时，科学的探索方法将成为你职业发展道路上的"魔杖"；当你在求职路上迷茫时，就业指导带给你一份新的求职心经，陪伴你在求职路上"升级打怪"；当你的目光投向创业却不知什么是创业、如何创业时，我们将为你递上一张创业名片。让我们沿着规划，一路向前，走上属于自己的职业发展之路。

14. 学生全程关怀手册

不论是课业疑惑、住宿问题、情感困扰、生活协助或就业压力，我们提供最周详的辅导、服务资讯，协助同学快速解决各类困难与疑惑。

丛书以成果导向为指导理念编写，力求将可迁移的通用能力分解为具体可操作实现的一个个阶段学习目标，相信在这些学习目标的引导下，学习者将构建形成适应当前社会经济发展需要的职业核心能力。

前　言

现代社会，信息化发展迅猛，信息素养已是大学生必备的能力之一。本书编写的目的就是增强学生信息意识，培养学生信息搜索及运用的能力，提高学生终生学习的意识。

通过本书的学习，你可以快速便捷地搜索全网的信息资源，有最新、最好看的电影、综艺视频；有各种论文、笔记、大纲、前人经验；有购物比价的小技能；有包罗万象的旅游攻略；有人脉搜索的妙招，优秀校友、企业精英带你闯关等。本书为你提供高效获取资源且有效利用资源的好方法，让你成为一名智慧信息的使用者，让你的信息价值得到充分体现。

本书由昆山登云科技职业学院信息素养课程团队编写，第1章、第2章由李婉倩编写，第3章、第4章由孟会敢编写，第5章、第6章由周靓编写，第7章、第8章由陈小虎编写，第9章、第10章由刘于辉编写，最后由刘于辉统稿，昆山登云科技职业学院平台课程教学委员会审核。

本书可作为各大中专院校、高职院校的信息素养教材，也可以供想要提高信息素养的人士阅读。因信息素养课程团队仍在信息素养探索与提升的道路上，本书难免有错误或不当之处，请大家批评指正。

信息素养课程团队
2020 年 3 月

目　　录

第1章　信息意识高八斗，信息素养富五车 ………………………………… 1
    1.1　相关概念 ……………………………………………………………… 2
    1.2　大学生应具备的信息素养 …………………………………………… 4
    1.3　信息时代来临 ………………………………………………………… 8

第2章　拨开云雾见天日，指令搜索月更明 ………………………………… 13
    2.1　信息搜索的方法与工具 ……………………………………………… 14
    2.2　信息搜索的语法指令 ………………………………………………… 35

第3章　全网资源知觅处，得来全不费工夫 ………………………………… 47
    3.1　娱乐资源获取 ………………………………………………………… 48
    3.2　学习资源获取 ………………………………………………………… 55

第4章　莫愁前路无知己，天下谁人君不识 ………………………………… 71
    4.1　寻找院士钟南山 ……………………………………………………… 72
    4.2　联系财经作家吴晓波 ………………………………………………… 76

第5章　书山有路搜为径，学海无涯乐作舟 ………………………………… 83
    5.1　英语等级考试备考 …………………………………………………… 84
    5.2　专升本途径和备考 …………………………………………………… 92
    5.3　学术搜索 ……………………………………………………………… 95

第6章　幸福生活学搜索，便捷生活即神仙 ………………………………… 99
    6.1　健康医疗 ……………………………………………………………… 100
    6.2　合理膳食 ……………………………………………………………… 104

6.3　购物比价 ·· 106
　6.4　休闲旅游 ·· 110

第7章　初入职场搜索助，犹如鱼之有水也 ·············· 113
　7.1　报告老板 ·· 114
　7.2　技能知识 ·· 125
　7.3　出差出行 ·· 132
　7.4　信誉标准 ·· 137

第8章　投资省钱支妙招，财聚腰间我有道 ·············· 141
　8.1　父母买房 ·· 142
　8.2　投资理财 ·· 147
　8.3　自主创业 ·· 151

第9章　信息整理得心法，一日看尽长安花 ·············· 155
　9.1　信息整理与存储 ······································· 156
　9.2　信息快速检索 ··· 164
　9.3　个人知识管理 ··· 172

第10章　谨慎评估防泄露，智勇兼备方完全 ·············· 181
　10.1　信息评估 ··· 182
　10.2　远离谣言 ··· 187
　10.3　防信息泄露 ·· 189

参考文献 ·· 192

第 1 章
信息意识高八斗，信息素养富五车

【学习目标】

1. 了解信息素养的重要性。
2. 具备信息意识。

你遇到的问题，也是绝大多数人都已经遇到过，所以我们有各种各样的现成经验可以借鉴，要学会"站在巨人的肩膀上"！本章介绍信息素养的相关概念，让大学生树立信息意识，不断地提高自己的信息素养，让自己"站在巨人的肩膀上"看得更高更远，将一切可知的信息为己所用。

1.1 相关概念

我们常听到一句话：我们处在信息时代，必须具备信息素养。你还在迷茫吗？是否淹没在信息海洋不知所措？

1.1.1 信息的概念

有时候，我们接受了一个概念，但这个概念到底是什么？怎么定义？让我们探寻一下什么是信息。

"信息"一词本来表示知识，但在实际运用中已经引申出了多个意思，这导致了许多人产生了"信息是什么"的困惑。信息其实泛指人类社会传播的一切内容，重点是"人类社会""传播"这两个词。

"人类社会"这个词容易引起误会，不是只有人类的信息才是信息，而是所有的，包括世间万物甚至是宇宙空间，只要是人类想要去认识和传播的内容都叫信息。用一个例子来说明"传播"，一个原始人看到一条河里有很多大鱼。这里有很多信息，"一""很多"是数量，"条"是单位，"河""鱼"是名称。这个聪明的原始人，在地上画两条曲线来表示那条河，然后在曲线之间画很多椭圆形表示鱼，然后把这个图案给其他原始人看，他们能大概明白其中的意思。大家约定，以后看到这类东西，都用这个图案表示，而椭圆的大小和多少跟鱼的大小和数量对应，这就是信息的创造过程。

当信息量巨大时，就会对传播造成影响，比如"一条河里有很多大鱼"是一个简单的信息，但是当没有"鱼"或类似的词来概括总结"鱼"这个群体，那么怎样传播鱼的概念？你可能会说"鲫鱼、青鱼、鲈鱼、鲤鱼以及所有鱼，包括鱼塘的、河里的、海里的……"很复杂，而且其中还有淡水鱼、海水鱼这种大类。甚至如果连这种大类都没有，怎么表达"鱼"？为了方便传播和便于表达，信息传播者会在传播过程中对信息进行归纳和分类。

1.1.2 信息素养的概念

信息素养（Information Literacy）的概念最早出现在图书情报领域。美国信息产业协会主席保罗·泽考斯基在《信息情报服务环境、关系与顺序》中提出，信息素养是指一个人"通过训练，掌握信息工具，获取相关信息，解决实际问题的能力"。

人类对信息的处理就好比是计算机，通过键盘、鼠标、网线等工具往计算机中输入信息，经过 CPU 等组件的处理，通过显示器、音响、打印机等设备实现信息输出。人脑在处理信息的时候就如同电脑在进行信息输入、信息处理、信息输出这三个过程。

人类需要输入的信息纷繁复杂，有触觉信息、嗅觉信息、味觉信息等，最重要的是视觉信息和听觉信息。人类有意识的思考过程和无意识的思考过程，就是人类处理信息的过程。我们所输出的信息也有很多种，它可以是做出某个决定和选择，也可以是一个肢体动作，还可以是说出一段话。

对学生来说，需要输入的信息就是学习材料，包括老师所讲授的知识点和课本内容。学生需要完成的信息处理任务主要是理解并掌握老师的讲解和课本中的知识点。学生需要实现的输出就是完成自己的作业、考试、论文等学习任务。对于一个企业管理者来说，信息输入主要是来自下属和顾问的汇报和建议，信息处理则是结合经验和逻辑思考，输出的信息则是战略决策。对于一个想要送女朋友礼物的男士来说，信息输入的材料主要是各类礼物的特点和价格，信息处理则是权衡和比较，输出的信息则是做出决策和选择。无论你是设计师、程序员、教师、学生还是普通的消费者，只要是一个会思考的人，我们都可以将你的思考活动看作信息输入、信息处理、信息输出这三个部分。我们输入各种各样的信息，经过有意识或无意识的思考，再输出各种各样的信息。

结合以上案例，再来理解保罗·泽考斯基对于信息素养的定义就更容易了，信息素养就是信息输入的能力。具备高水平的信息素养能力，能让我们输入高质量信息，锻炼我们的信息处理能力，从而提升信息输出的质量。

1.2　大学生应具备的信息素养

沿用信息输入、信息处理、信息输出这三个环节，我们可以将人力资本等级分为三级。

第一级，发达的人：输入高质量信息，进行高水平信息处理，输出高质量信息。我们建议此类人养成终身学习的好习惯。

第二级，发展中的人：输入高质量信息或低质量信息，进行低水平信息处理，输出低质量信息。我们建议此类人模仿发达的人。

第三级，欠发达的人：输入低质量信息或垃圾信息，进行低水平信息处理或负水平信息处理，输出低质量信息或垃圾信息。我们建议此类人走出"信息茧房"。

需要注意的是，人力资本等级划分是依赖于特定领域的。发达的建造师、发展中的电竞选手、欠发达的厨师可能是同一个人。没有人能在所有领域都成为发达的人，也没有人会在所有领域都是欠发达的人。因此,提高自己的信息素养可以提高自己的人力资本等级,从而输出更高质量的信息,为他人提供更好的服务,为社会创造更多有价值的东西。

我们知道了信息是什么、信息素养是什么,也了解了信息素养对于我们的重要性。那么大学生应该具备哪些信息素养呢?

1. 识别信息需求的能力

爱因斯坦曾说过:"如果给我 1 小时,解答一道决定我生死的问题,我会花 55 分钟弄清楚这道题到底在问什么,剩下的 5 分钟回答这个问题。"这用来形容识别信息需求的重要性再合适不过了。与我们平时解答数学题一样,首先要知道问题是什么、需要知道哪些条件,每一步都要为最终答案提供了帮助。写过程不难,难的是会不会分析。识别信息需求涉及两种很好用的方法。

(1)6W2H 模型(问对问题)。

6W2H 模型虽然简单却十分实用。通过该模型,可以获取大量想要的信息,同时也能挖掘出真正的信息需求。在生活中经常用到的是"是什么(What)、为什么(Why)、如何做(How)",6W2H 是一个升级版本,因此在我们的学习和工作中遇到较为复杂或陌生的问题就要会用这个升级版方法,如图 1.1 所示。

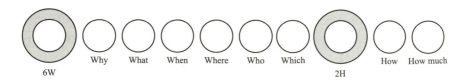

图 1.1　6W2H 模型

(2)柚子模型(拆解问题)。

当将一个柚子的皮剥到第三层的时候就可以吃到果肉了,就如同在一般情况下将一个问题挖掘到第三次的时候就可以找到解决方案了。比如写毕业论文,我们的目的是论文通过,这是第一层柚子皮;如果想要论文通过,就需要知道什么样的论文才可以通过,也就是论文通过的标准是什么,这是第二层柚子皮;了解到论文通过的要求就可以动手开始写论文了。

不同的问题，需要的步骤可能不同，但是最终目的都是找到底层问题，并找到解决的方法。当我们获取了信息，如何确定所提问题以及获得的信息的真实性与全面性，这就需要用到一个来自麦肯锡的模型——MECE。简单来说就是，不重复、不遗漏。问自己提出的问题是否有重复以及是否有遗漏。

2. 获取信息的能力

每个人信息的来源主要有三个方面：①人与人之间的交流；②自己的观察和感知；③各种记载信息的资料，比如互联网、图书档案、视频资料等等。互联网可能是年轻人，尤其是谷歌一代最自然想到的获取信息的方式。对于提高信息获取的能力，方法也是多样的。

多实践。要多和相关的人交流，因此就需要知道谁可能掌握什么信息。与此同时，要多查，学习有效地使用搜索引擎以及检索信息系统，从不同类别的资料中获取不同的信息。在实践的基础上，还需要进行反思和总结。"我获取的信息是否解决了我在生活、工作中的问题？""每次获取信息需要多长时间？""能否将获取信息的时间缩短？"这个问题是通过网络搜索解决比较好，"还是直接给朋友打电话更方便，或者去图书馆查阅资料？"每天的生活中，我们都要搜集各类信息，实践的机会很多。比如在图书馆找一本书，比如上网查询相关主题的论文报告，或者利用互联网了解自己最近身体不适的原因，或者利用手机 APP 来寻找地理信息等。

但是，无论用什么方式获得信息，在查找信息的时候都要注意"准"和"全"之间的把握。不同的任务对信息的"全"和"准"有不同的需求。如果是文献综述或者专利搜索，可能对"全"有很高的要求；如果是简单地了解一条新闻的内容，或者是某道菜的做法，也许一两条"准"确的信息就足够了。

装备在不断升级，信息搜寻也需要不断地更新学习。一方面是因为搜集信息的方式随着技术的进步在不断变化，比如现在很多机构在利用大数据、社交网络搜集信息，搜索引擎每天都在变化。因此，作为新时代的我们，要利用各种新工具查找信息，比如图像、视频、声音。信息搜寻方式会受信息的学科背景和使用的语言的影响，比如路上的一株植物，你想要知道它的学名，就可以拍一张照片通过百度的图片搜索功能知道这株植物的名字、养护方法、用途等等。

对于要获取大量信息的任务，不要只采用某一种方式，因为任何一种获取信息的渠道都不能囊括所有你需要的信息。比如，在百度上也许搜索不到新浪微博的信息，百度的搜索结果和谷歌也有所不同，而即使通过谷歌也只能查找到互联网上很少一部分信息；口头询问获得的信息也和互联网中获得的信息有明显的不同。因此，不局限于一种方法，才能获得更全更准的信息。当然，有时候有些信息怎么也找不到，不是因为获取信息的能力不够，而是因为采用的工具不对。很多人都依赖搜索引擎，虽然搜索引擎很适用于搜索事实性信息，但就当前搜索引擎的智能性来看，把自己完全交给百度或者谷歌这种综合搜索引擎可能会错失大量信息。

3. 甄别信息的能力

在信息大爆炸的时代，造谣的成本很低，甄别信息真伪的责任更多地落在了个人身上，如果对信息的真伪没有一定的辨别、甄选能力，就会被愚弄。

《人类简史》和《未来简史》的作者尤瓦尔·赫拉利针对信息真伪的辨别提出了两条黄金法则。第一条是，如果你想得到可靠的信息，必然要付出昂贵的代价。如果你总是免费得到信息，有可能你才是整个商业世界的产品。赫拉利开玩笑说，如果有人提出，每天给你一笔钱，让你看他提供给你的内容，你肯定会拒绝，因为你凭直觉就会认为，他想要影响你，把自己的观点和认知通过这种方式强加给你。但是，如果有人说，现在你可以免费看到我提供给你的信息，很多人就会欣然接受，而这就是现在很多公司的商业模式。第二条是，如果觉得某些问题似乎对你特别重要，就该真正努力阅读相关的科学文献。所谓的科学文献，指的是经过同行评审的论文、由知名学术出版社出版的书籍，以及知名教授的著作。科学当然有局限性，也曾犯下许多错误，但是即便如此，科学仍然是人类最可靠的知识来源。

4. 运用信息的能力

现在是一个信息爆炸的时代，这实则是一把双刃剑。如果一个人没有甄别信息和运用信息的能力，被各种信息潮流推着走，没有一点话语权，对这类人来说这是最坏的时代。但是如果一个人拥有甄别信息的能力，则他了解信息比任何一个时代都要轻松。他可以运用信息来完成自己想要完成的事情，得到自己想要得到的东西，操控信息，而不是被巨量的信息操控。对这类人来说，这是最好的时代。例如，某天早晨我起来跑步，跑步之前我看了一下运动手环，屏幕上显示的起点是 1 800 步，终点的显示是 3 060 步，用时 12 分钟，而小区从起点到终点的距离是 1 千米。经过我的分析得到这样的有用信息：如果用脚步丈量 1 000 米，我大概需要 1 256 步；跑完 1 000 米，我需要用时 12 分钟。我将这些信息运用到生活中后，可以得出：如果是 10 千米，我大概需要走 12 560 步，用时 2 小时。但是这是跑步的时间，我不能连续跑两小时而不停下来。如果需要行走 10 千米，我的步数有一个大概的确定范围，在 12 560 步；用时也可以估算，我会用 2.5~3 小时。通过对信息的探究，我能够知道自己的运动能力处于什么样的水平。比如根据跑步的持续时间和速度，我就能够知道有些事我能做，比如跑 3 千米；有些事我不能做，比如跑马拉松。这就是智慧赋予我的辨识和选择能力。只有提高自身运营信息的能力，将信息变成知识，将知识变成智慧，用智慧来充实头脑，才能提升自己的认知层次，跨越现实障碍，到达理想的彼岸。

1.3 信息时代来临

随着多媒体及信息高速公路的建设，我们已身处信息时代，享受信息时代带来的方方面面的便利。

1.3.1 信息时代带来的改变

1. 改变彼此的连接方式，创造出一个"虚拟+现实"的全新场景

"从前的日色变得慢；车、马、邮件都慢"。木心先生的诗歌，让现在的人们回想起那个通信并不便利的年代。从书信到 BP 机，从固定电话到移动通信，从 1G 网络到 5G 网络等。很多年轻人对网络的概念是从 3G 开始的。3G 时代的到来让任意时间、任意地点、任何人之间的交流成为可能。使用 3G 手机除了可以进行普通的通话和传短信外，还可以上网查询信息、下载文件和图片，甚至可以视频通话。

2. 生活方式更多样化

人在家中坐，货从四面八方来。现在形形色色的购物平台层出不穷。

当我们徘徊在超市、菜市场，犹豫买鸡肉还是牛肉、东北米还是泰米的时候，当我们打开手机外卖 APP，面对滑不完的店家选择困难的时候，很难想象以前的一"票"难求指的不是火车票飞机票，而是一张粮票。

3. 学习方式多样化

信息化时代，一切变化都有可能，伴随着信息化的发展而成长着的中小学生从小就接受信息化气息的熏陶，思维方式、生活习惯、学习方式都受信息化的影响。信息技术的变化快、容量大、参与人员多、互动性强、智能性等特点，对学生学习的影响是巨大而深远的。

学习的媒介从以单一的书本为重心和重点，到将网络媒介作为补充和延伸。以初中物理中的"电流"为例，通过阅读书本，能了解电流的概念、方向、单位、形成条件等主要知识点，就形成了树的主干一样的知识主干。但仅凭书本上简单的表述是不可能真正理解电流的实质的。在百度中输入"电流"就会出现与电流有关的各种知识，从物理学家的电流发现研究，到高中的电流知识表述、电流的测量方法以及记忆方法等，应有尽有，图文并茂。这就像知识树的枝叶，使知识更绚丽多姿。

除了学习媒介的变化，学习场所也在不断地发生变化。教育局规定全国各大学校推行停课不停学、延迟开学时，学生没有停止学生学习的脚步，老师们精心准备了"空中课堂"，为了让学生能够更好地理解知识点，老师开始了直播课堂。

4. 知识的普及及呈现力更高，但也更加碎片化

技术推进了信息的碎片化，我们每天可以通过手机报、博客、搜索引擎、新闻网站、即时通信平台等多种方式获取大量的信息。我们在各

个生活的间隙获取信息,例如,在吃饭时看一眼电视,在坐公交车时用手机上微博。这样的信息传播方式最明显的就是拓宽了人们的知识面,因为每个人都能够对很多事物有所了解。会学习的人就会利用信息碎片化来获取自己想要的信息,然后将想要的信息自行去系统化和深入化。

碎片化信息本身并没有问题,关键是很多时候没有进行整理就将它纳入我们的收藏夹,标注一下得过且过。举个例子,表1.1是亚马逊中国发布的"人生必读100本书"。一般情况下,我们会轻轻一按收藏键等以后有空来看,然后过了很久都没看,甚至忘了这回事。可是如果稍稍花点时间整理一下,文字加粗代表我很感兴趣,想尽快读,下划线代表我看过或者明显不感兴趣,这样是不是会清晰很多。

表1.1 亚马逊中国发布的"人生必读100本书"

文学类	《百年孤独》《活着》《悲惨世界》《老人与海》《挪威的森林》《人间词话》《唐诗三百首》《呐喊》《撒哈拉的故事》《不能承受的生命之轻》《海子诗全集》《三体》《四大名著》《围城》《1984》《傲慢与偏见》《茶馆》《魔戒》《白鹿原》《射雕英雄传》《我们仨》《月亮和六便士》《倾城之恋》《白夜行》《飘》《尘埃落定》《福尔摩斯探案全集》《诗经》《目送》《基督山伯爵》《边城》《如何阅读一本书》《苏菲的世界》《红高粱》《文学回忆录》《麦田里的守望者》《平凡的世界》《我与地坛》
社科类	《论语》《光荣与梦想》《全球通史》《自私的基因》《南渡北归》《中国哲学简史》《万历十五年》《社会契约论》《菊与刀》《失控》《文化苦旅》《乌合之众》《孙子兵法》《炮、病菌与钢铁》《中国历代得失》《宽容》《传家》《明朝那些事儿》《历史深处的忧虑》《剑桥中国史》《西方哲学史》《大问题:简明哲学导论》
经管励志类	《高效能人士的七个习惯》《经济学原理》《金字塔原理》《少有人走的路》《向前一步》《洛克菲勒给儿子的38封信》《基业长青》《影响力》《伟大的博弈》《与神对话》《心理学与生活》《卓有成效的管理者》《从0到1》《资本论》《激荡三十年》
少儿类	《哈利·波特》《不一样的卡梅拉》《小王子》《丁丁历险记》《猜猜我有多爱你》《安徒生童话》《爱的教育》《失落的一角》《上下五千年》《好饿的毛毛虫》《夏洛的网》
科技类	《时间简史》《科学百科》《万物运转的秘密》《从一到无穷大》《浪潮之巅》《上帝与新物理学》《硅谷百年史》《昆虫记》《万物简史》
艺术类	《艺术的故事》《美的历程》《加德纳艺术通史》
生活类	《好妈妈胜过好老师》《男人来自火星,女人来自金星》

经过整理会发现，在一长串的信息中，只有很少的一些对我是有用的，我就只需要保存这些有用的，下一次去图书馆的人文社科区，我就可以打开印象笔记，不用闲逛，有目的地借取这些书就可以了。而且可以根据每周大概的时间安排和书的类型体量，可以再对它们进行分类确定每周图书阅读安排，如表 1.2 所示。

表 1.2 每周图书阅读安排

时间	书
第一周	《海子诗全集》《上帝与新物理学》
第二周	《1984》《自私的基因》
第三周	《射雕英雄传》《飘》《炮、病菌与钢铁》
第四周	《魔戒》《白鹿原》
第五周	《尘埃落定》《硅谷百年史》
第六周	《自私的基因》《南渡北归》

1.3.2　如何适应信息时代

在信息时代，我们能够用廉价的手段获得信息，这是好事情。但是大部分人并没有对信息时代的到来做好准备。如何适应信息时代？以下是大学生的生存指南。

1. 信息意识

对于一篇原油新闻信息，你能看出什么？获得什么？根据这条信息能做出什么判断、什么预测？这些就是信息意识，对事物的敏感度、洞察力。这是政治素质、业务素质、政策水平、学识水平和分析能力、思维能力、理解能力、反应能力、决断能力等多种知识和能力的综合反映。

有两种能力，敏感度和洞察力，这两种能力很关键，即使没有天赋也是可以锻炼出来的，贵在坚持。

这就要大学生多看、多思、多练。多看。"书读百遍，其义自见"，这也是形成敏锐洞察力的基础。每天接触那么多信息，全部接收是不现实的,每天定量看不同的媒体、不同的内容,角度可以更广。多思。这是关键,通过信息了解它的角度、内容。多练。实践出真知,从接收信息开始实践,多多培养,时间长了,洞察力和敏感度肯定有提升。遇到不会的、不懂的,要利用信息工具来解决问题。

2. 信息化思维

当今社会具有高度信息化与科技化的特征,大学生要学会用信息化思维来思考问题。

首先需要思考用什么方式认识社会。信息社会的方方面面都发生着变化,继续沿用老思维来看待新事物的话,在处理很多问题上也会事倍功半,甚至力不从心。要善于利用信息化的手段来提升自己的工作效率,获得先进的知识和观念,增强在同行中的竞争力。要看到信息化思维是我们认识现代社会的有效途径和有效工具,是当前人类的基本素质,是信息素质的重要组成部分。要认识到信息化的关键要素不是技术推广,而是对人的改造。信息化的关键是改造人,用信息化思维来武装人的意识、生活与工作方式。

【课后提升】

通过本章的学习,相信同学们对信息素养有了一定的了解,请对已经生活在信息爆炸时代且游刃有余的你们与仍处在信息时代边缘的父母进行对比,总结两类人群在生活方式上的区别。有什么区别?

第 2 章

拨开云雾见天日，指令搜索月更明

【学习目标】

1. 掌握描述搜索目标的能力。
2. 熟悉搜索工具并能选择适当的搜索工具。
3. 能熟练使用搜索的语法指令。

每个人每天都要获得许多信息,这些信息可能来自我们的父母、老师、朋友、同学、同事、媒体等,然而这些信息并不都是有营养的优质信息,有些是没有营养的垃圾信息。要有效地获取信息,就需要掌握更多的信息获取方法和手段,如信息搜索。它能使人们在浩如烟海的信息海洋中迅速、准确、全面地查找所需信息。信息搜索对于人们的学习、生活和工作等各方面都是十分有用的。本章将介绍信息搜索的方法、工具以及语法指令,使我们更加有效地获取优质信息。

2.1 信息搜索的方法与工具

"工欲善其事,必先利其器。"搜索的第一步,就是全面了解搜索的方法与工具。

2.1.1 识别搜索内容

在信息爆炸的今天,各式各样的信息让人晕头转向。但是真正聪明的人,能够清晰地识别自己想要的信息,而且能够准确找到合适的信息搜索方法和工具,获取大量的信息和数据,并且通过这些信息不断地提高自己,熟练且高效地解决学习、生活、工作中的问题,从而获得成功。当然,也会有一些人所需的信息总是模糊不清,总是被很多干扰信息影响,导致走很多弯路,浪费了自己宝贵的时间。

【案例2.1】

同事有点感冒，说去楼下药店买药。但在楼下的药店里没买到白加黑，结果却在离公司500多米的药店买了一盒板蓝根回来。我很好奇地问："楼下药店也有板蓝根啊，如果买板蓝根，为什么要跑那么远去买？不是浪费时间吗？"她说她本来到楼下药店是买白加黑的，但没有。她想着离公司较远的那家药店或许有，于是就去了。结果也没有，营业员问她为什么要买药，得知是小感冒，推荐她喝板蓝根就行了。就这样，她买了板蓝根回来。

这件小事说明了什么问题？首先，对同事来说，她真正的信息需求是什么呢？是预防和治疗感冒的药，而不是白加黑。她刚开始对自己信息需求的识别是不够精准的，导致多走了弯路，浪费了时间。如果她对自己的信息需求认识得够精准、够理性，就能直接在楼下药店找到几十种感冒药。

其次，远的那家药店的营业员是个能准确识别信息需求的聪明人，她通过询问获知了同事真正的需求，推荐板蓝根，从而成交了生意。

"知人者智，自知者明"。如果你能识别自己搜索的内容，你就是一个聪明人。无论工作还是生活，都将事半功倍。"明察秋毫"的信息识别能力是高效工作的关键前提。

2.1.2 高效搜索技巧

1. 简单化

当你需要进行信息搜索时，首先你会对问题进行一个框定。例如当你想要进行理财时，你会提出"大学生想学习理财应该看什么样的书"的问题，然后在网上搜索，结果如图2.1所示。这样的方法对于这类简单问题能马上奏效，但简单明了地提问只对一部分搜索有效。

当我们把搜索内容的问题拆分成关键词，如将"大学生想学习理财应该看什么样的书？"转换成"大学生 理财 书籍 推荐"，避免长句子的出现，搜索结果如图2.2所示，大大提高了搜索的效率。

信息素养——吾将上下而求索

图 2.1 "大学生想学习理财应该看什么样的书?"的搜索结果

图 2.2 "大学生 理财 书籍 推荐"关键词搜索结果

2. 书面化

在人与人之间的日常交流中,口语化的词汇更通俗易懂,也更容易表达。但在使用搜索工具时,电子产品只能接收并识别书面化或专业化的固有名词,从而完成了一连串的工作指令,按照指令展示不同的动作。

【案例2.2】

由于受新型冠状病毒肺炎疫情影响,部分地区及学校宣布取消"五一"假期,如图2.3所示。此事引起了网友们的广泛关注,对此事的评论也是各执一词,那么取消"五一"假期进行上课是否合法呢?

图2.3 人民日报新闻截图

【方法1】在搜索网页中输入"五一劳动节学校取消假期进行上课,这样做合法吗?"即口语化词语搜索,结果如图2.4所示。

【方法2】在搜索网页中输入"法定假日 补课 合法",即书面化、专业化词语搜索,结果如图2.5所示。

由上述两种方法的搜索结果可知,在进行问题搜索时,以口语化的方式搜索回答会很少。因此,在搜索时应使用书面化或专业化词语,尽量避免口语化词语。

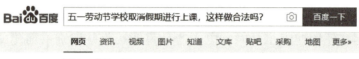

图 2.4 口语化词语搜索

图 2.5 书面化、专业化词语搜索

3. 具象化

在运用书面化、专业化词语搜索的同时，大多数人可能还会出现另一类问题。例如，如图 2.6 所示，当你想要进行一些极限运动搜索时，得到的却是一些名词解释以及一些综艺节目的新闻。

图 2.6　抽象化词语的搜索

当把这些空泛的抽象化关键词具象化，就可以得到想要的对于极限运动的描述、攻略等信息，如图 2.7 所示。

图 2.7　具象化词语的搜索

4. 聚焦化

聚焦化是指逐步增加搜索关键词，将搜索的范围不断缩小，如图 2.8 所示。

原则→《原则》→《原则》下载→《原则》下载 mobi→《原则》下载 mobi 英文版，逐渐聚焦，搜索出的第一条信息就是你想要的。

5. 国际化

如果中文搜索不理想，那么可以试着换一个方向，用英文关键词搜索。

【案例 2.3】

最近公司组织了几次会议，总经理要求小王将几次会议内容整理成一个 PPT 对公司员工进行培训。这时小王想要搜一些会议配图来丰富内容。

第 2 章　拨开云雾见天日，指令搜索月更明

第 2 章　拨开云雾见天日，指令搜索月更明

图 2.8　聚焦化搜索

【方法 1】在图片搜索中输入"会议"，结果如图 2.9 所示。

图 2.9　中文搜索结果

【方法 2】在图片搜索中输入"meeting"，如图 2.10 所示。

·23·

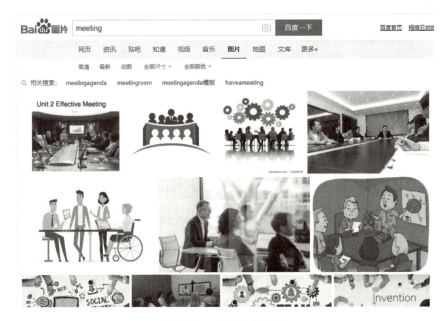

图 2.10　英文搜索结果

通过中文搜索时,前四张图片都是广告链接,当换成英文搜索时,出现的图片都是与会议相关的。

2.1.3　工具网站

说起搜索工具,我猜很多人都会想:我会用百度不就行了吗?但是这真的够了吗?每一个搜索引擎都有它的局限性。如果你深入了解了搜索工具的工作原理,你会发现使用单一的搜索引擎,永远有搜不到、搜不准、搜不全的时候。搜索引擎也会因为竞价排名、广告推广等商业运作行为,提供干扰信息。

其实互联网的信息和工具远比你想象中的要丰富得多,除了搜索引擎,我们还有许多其他的工具可以用。掌握了这些搜索工具,不仅可以让我们的搜索更加全面,还可以更加准确、高效、安全。

根据搜索工具的使用场景和功能方式,可以将搜索工具分为以下几类。

1. 基础工具包——搜索引擎

搜索引擎是把我们引向海量的互联网信息,帮助我们寻求到问题答案的桥梁。

而既然要找到合适的信息，就不应该只有一座桥。百度是最常用的搜索引擎，但却不是唯一的一个。除了百度，还有微软的必应、搜狗搜索、有道搜索、360 搜索，这些都是市场上的主流搜索。

【案例2.4】

小信是一名金融专业即将毕业的大学生，找工作时有点迷茫，正好家里人想要介绍小信去叔叔公司的财务部门从事会计工作，但是小信必须要有会计师证。小信对于注册会计师考试不了解，他想通过搜索引擎工具获取相关信息，哪种搜索引擎能让他迅速获取有效信息呢？

【方法】小信在百度、搜狗、必应、360、谷粉搜搜这几个引擎中搜索同一个关键词"注册会计师考试"，并且比较搜索的结果。

百度搜索结果，如图 2.11 所示。

图 2.11　百度搜索结果

搜狗搜索结果。如图 2.12 所示。

图 2.12　搜狗搜索结果

必应的国际版与国内版搜索结果，如图 2.13、图 2.14 所示。

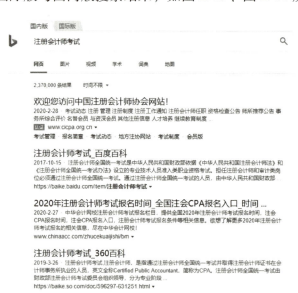

图 2.13　必应国内版搜索结果

第 2 章　拨开云雾见天日，指令搜索月更明

图 2.14　必应国际版搜索结果

360 搜索结果，如图 2.15 所示。

图 2.15　360 搜索结果

谷粉搜搜的结果，如图 2.16 所示。

图 2.16 谷粉搜搜搜索结果

对比这六个搜索引擎的结果，如表 2.1 所示。

表 2.1 搜索引擎数据对比

搜索引擎	结果条数	首条内容	前五条广告数	综合评分（5 分制）
百度	43 100 000	广告	5	3.0
搜狗	1 726 235	广告	5	2.8
必应（国内版）	2 370 000	会计师官网	2	3.5
必应（国际版）	5 770 000	会计师官网	2	3.2
360	无显示	广告	5	2.5
谷粉搜搜	11 100 000	会计师官网	0	4.0

通过不同搜索引擎的对比，小信在谷粉搜搜中更快速地获得了有效的信息。

值得注意的是，除了以上较为大众化的搜索工具，还有很多小众的搜索工具也可供大家使用。

（1）秘迹搜索（mijisou.com）。秘迹搜索是一个界面简洁但是功能强大的搜索网站，可以过滤搜索结果里面的广告，轻松地找到结果，并且提供一键聚合搜索功能。

（2）联合搜索（gobaidugle.com）。这是一个聚合多个主流搜索引擎的搜索网站，可以选择单搜、双搜、三搜、四搜。其中，四搜就是同时显示四个搜索引擎的结果，非常方便实用。

（3）WikiHow（zh.wikihow.com）。WikiHow是一个综合技能搜索网站，免费提供各种学习、工作、生活小技巧。如果想要学习某种技能，可以先在这个网站搜索相关信息。

（4）谷粉搜搜（gfsoso.bbao.top）。谷粉搜搜号称和谷歌相似度99%，打造一个干净有用的搜索引擎。

（5）仿知网（cn-ki.net）。仿知网是一个可以代替知网的精品论文搜索网站。这个网站的论文搜索结果和知网基本一样，而且这个网站向每个账号前期免费提供论文下载，当下载次数没了，完全可以使用其他邮箱再注册其他账号使用，当然，如果不想重新注册，这个网站也提供一块钱随意下载论文一天的服务。

（6）谷歌的镜像网站——谷歌学术。这主要是对应谷歌的学术搜索导航，在这上面可以搜索到海量的学术资源和书籍资源，也是非常值得探索的一个搜索引擎。

（7）茶杯狐（cupfox.com）。这是一个质量非常不错的影视搜索网站，不仅可以直接跳转到对应影视网站直接观看，也可以进行下载。

（8）一站搜（yizhansou.com/）。这是一个非常小众的影视搜索网站，更新频率快，支持美剧、日剧、港剧的搜索，直接提供影视资源的下载链接。

（9）正版中国（getitfree.cn）。这是一个专业正版软件搜索下载网站，提供免费软件，也提供收费软件，网站会经常更新。

（10）问答库（asklib.com）。这是一个非常全面的考试题库，不仅适合大学生，对需要考各种证书的人也十分有用。

（11）我爱搜盘（52sopan.com）。可以利用这个搜索引擎搜索软件、APP、学习教程等，还支持查询提取码密码功能，当知道文件下载链接时，就可以用这个引擎轻松查询提取码。

2. 信息指路人——导航网站

第二类大家比较熟悉的搜索工具就是导航网站了。如果说搜索引擎是通向信息海洋的桥梁，那么导航网站就像获取信息的引路人。它把众多的网址集合起来，按照一定条件进行分类展示，让大家挑选。这是互联网早期的网站形式之一，其中最著名的hao123网址导航就是一个经典的案例，如图2.17所示。

图2.17　hao123导航网站

随着互联网的蓬勃发展，越来越多的导航网站出现，很多会直接跟浏览器绑定，成为我们打开网页的默认选择。这些导航网站对于不太熟悉互联网的新手来说，是一个不错的探索方式。

虽然有些做得不错的导航网站也会有很好的网站指引，但是对于要培养自己搜索能力和信息素养的人来说，尽量不要依靠导航网站，因为这是一种被动地接收信息的方式，效率低，而且获取的信息有限。

3. 快速的通道——垂直搜索工具

对具有一定的搜索能力并且追求信息效率的人来说，最推荐的就是垂直搜索工具。

什么是垂直搜索？垂直搜索就是指针对某一个行业或者领域的专业搜索工具。这是针对通用搜索引擎存在的查不准、不够深的问题而衍生出来的新的搜索服务模式。所以垂直搜索工具的特点就是专、精、深，且具有浓烈的领域色彩。

以房地产为例，如果按照搜索引擎的方式，按照通用的搜索引擎网页抓取方式来造个房地产的百度或者谷歌，是不现实的，所以就需要通过行业专业的垂直搜索工具来获取信息。

垂直搜索一般包括行业垂直和领域垂直两种类型。我们最常见的学术搜索，比如谷歌学术、百度学术，就是典型的垂直搜索工具。垂直的购物搜索，比如淘宝和阿里巴巴提供的搜索，也是很全面的垂直搜索方式。除此之外，还有专业的书籍搜索平台、音乐搜索平台、图片搜索平台等。常用的垂直搜索网站如表2.2所示。

表2.2 常用的垂直搜索网站

搜图片	搜电子书	搜学术	搜网盘	搜数据
Pixabay 中文版	虫部落·电子书	虫部落·学术搜索	虫部落·资源搜索	大数据导航
Pexels 中文版	鸠摩搜书	微软学术	云盘精灵	国家数据
沙沙野	智奇搜书	知网学术	小可搜搜	经合组织数据
虫部落·图片搜索	苦瓜书盘	谷歌学术		

4. 大数据团队——数据搜索工具

随着人工智能的发展，大数据已经成为信息时代会应用在各个行业和场合的技术，在教育行业也有极其广阔的应用。

说起大数据，很多人会认为这个词充满科技感。其实，只要掌握一定的数据搜索技巧，学会使用数据搜索工具，普通人也能拥有无比强大的大数据智囊团队，让你瞬间比身边人有更多的信息来源。

在网络上能够通过搜索便获得的数据信息可以分为：①政府官方、

机构、平台发布的统计数据；②各大数据平台提供的指数数据；③其他非数据类平台沉淀的数据结果。

5. 文档小管家——本地搜索工具

本地搜索工具可能会被绝大多数人忽略，它是指对存储在我们本地的文件和资源进行快速的调用和搜索的工具。很多人平时在互联网上搜到了大量的资源和信息就保存下来，存储在本地磁盘中。但是，如果没有进行归纳和整理，再去找到这些资料就会变得非常困难。

在信息素养的培养中，我们最终的目的是希望通过对这些信息的获取和吸收去解决问题。而应用这些信息的基础和前提除了搜索，还有就是对这些信息进行管理和收纳。在这个过程中，把核心的有效信息保存到本地，然后进行整合管理，是我们学习和吸收信息的基础。在日常工作当中，我们也会积累下来许多文件和资料等信息。如何对这些本地的文档进行快速地调取？这需要我们平时在信息整理的时候就养成好的收纳习惯，建立起高效的收纳体系。同时，在快速调用本地文档的时候，也需要我们拥有强大的本地搜索能力。一般在电脑中，我们有系统自带的本地搜索工具，这对于大部分人来说已经够用了。但是借助一些更强大的搜索插件和管理工具，我们甚至可以实现秒搜、秒开本地文件。构建一个结构整齐、逻辑清晰、便于搜索的本地文档库，并且配合相应的搜索工具和技能，能快速提高工作效率和准确率。

通过培养起强大的搜索能力，互联网的海量信息可以成为我们的"外脑"和"智库"。归档到本地的文件就是我们的"内脑"和"指南"。最终决定我们行动效果和工作效率的，应该是"内脑"和"外脑"的互相呼应与配合。

以Windows系统为例，在大多数时候，在没有安装插件的情况下，Windows自带的搜索功能能够帮助我们满足基本搜索要求。

（1）"开始"菜单。Windows10"开始"菜单中的搜索功能由Cortana虚拟助理管理，在默认情况下，每当用户通过"开始"菜单搜索内容时，该工具将搜索索引文件的所有内容。你也可以通过单击"过滤器"按钮选择"文档""文件夹""照片"或"视频"来缩小搜索范围，如图2.18所示。

第 2 章 拨开云雾见天日，指令搜索月更明

图 2.18 "开始"菜单搜索界面

（2）更高效的本地搜索。可以在"文件管理器"中使用内置的搜索引擎。在"文件管理器"中，导航到要搜索的目录。例如，要在"下载"文件夹中搜索，要先打开"下载"文件夹，或者在不同的磁盘目录下进行搜索，通过在左侧菜单选定相应文件目录来锁定搜索范围。当在非索引位置进行搜索时，Windows 仅仅搜索文件名而不是其内容，如图 2.19 所示。

图 2.19 "文件管理器"搜索界面

（3）〈Ctrl + F〉键。任何时候搜索，都应该首先想到这个快捷键。比如在网页上的时候按〈Ctrl + F〉键，调出"在页面上查找"选项，浏览器不同，所跳出的选框也会有略有区别，如图 2.20 所示。

图 2.20　网页页面查找选项

使用 Word 文档时，按〈Ctrl + F〉键，调出来的是"查找和替换"，可以在文中找到你要的内容，如图 2.21 所示。

图 2.21　Word 文档中的"查找和替换"

在这个信息时代中，无论你身处何种行业，拥有什么样的教育背景，对信息工具，尤其是搜索工具的深度掌握和熟练使用，无疑是最有利的武器之一。

2.2　信息搜索的语法指令

对于搜索工具有了足够了解后,再来学习搜索中超级实用的搜索指令。掌握了搜索指令就如同修炼了"六脉神剑",能够帮助我们指哪儿打哪儿,全面提升搜索效率和准确率。

说到搜索的时候,可能很多人认为自己会在搜案引擎里输入关键词就能搜到我想要的东西了,搜索指令是用来干什么的?因为搜索引擎的工作原理,以及相应商业模式的原因,我们在搜索的时候,如果完全依靠搜索引擎,会有很多的不方便,甚至有时候会处在一个被动的局面。这个时候,使用一些高级指令可以帮我们达到搜索的直接目的,排除不需要的消息,从而让我们的搜索事半功倍。下面就介绍一些常用指令及场景应用。

1. 双引号指令

该指令一般用于精准信息的查找,是比较常用的搜索指令。

【案例2.5】

小信最近和小伙伴打游戏一直输,大家都不愿意跟他玩,小信很难过。他决定上网搜索查找攻略,但是怎么搜都是一堆广告。你可以帮助他吗?

【方法】如图2.22所示,如果在搜索引擎中直接搜索"王者荣耀手游攻略",那么呈现出的信息里面除了有"王者荣耀手游攻略"这个词,也会有包含"王者荣耀手游"或者"攻略"的,并且在前3条信息中完全没有出现真正想要的信息。如图2.23所示,当我们把王者荣耀手游攻略放在双引号中时,代表完全匹配搜索,也就是搜出来的信息里只包含"王者荣耀手游攻略",而且字符顺序都一致,这样搜出来的就是小信要找的攻略。

图 2.22 未使用指令搜索

图 2.23 使用双引号指令搜索

2. "-"指令

该指令很好地满足了我们只想搜索关键词 B，不想出现关键词 A 的需求，在搜索词后添加"-关键词 A"，可以用来减掉一些自己不要的信息和网站。比如在搜索的时候会经常出现很多的推广广告，那么就可以用"-推广 -推广链接"这个指令，去掉大部分的广告。需要注意的是，"-"前面要加一个空格，否则不起作用。如图 2.24 所示，当我们用减号指令搜索时，就可以去掉了大部分的广告。

图 2.24　减号指令搜索

但是如果用百度搜索的话，有时候还是不会很有效果，所以有些指令的使用需要我们自己平时多加留意。

3. 加号指令

该指令与减号指令正好相反，如果想要关键词 A 和 B 一起出现，就可以在搜索时使用加号指令。

4. site 指令

该指令是将搜索结果限定在某个网站中，如果你已经知道某个站点中有自己需要的东西，那么在搜索的时候就可以把搜索范围限定在这个站点中，从而大大提升效率。这个搜索指令具体的用法是"关键词＋空格＋site＋英文冒号＋搜索范围所限定的站点"，在这里需要注意的是，站点前面不用加 http 或者 www。

比如我想在知乎中搜索关于新能源汽车的信息，那么我可以打开搜索引擎输入"新能源汽车　site：zhihu.com"。当然，可能会有人问为什么不直接在知乎站内搜。因为并不是所有网站的站内搜索都设计得很好。而借助搜索引擎来实现站内搜索可以弥补有些网站搜索不理想的缺陷，如图 2.25 所示。

图 2.25　site 指令搜索

这个指令可以说是查询网站收入页面数量最直接的方法。site 指令也可以用于子域名，但 site 有时候并不准确，特别是在谷歌中，出现的搜

第 2 章 拨开云雾见天日，指令搜索月更明

索页面经常有大幅波动，只能用于参考。

5. filetype 指令

该指令是将搜索结果限定为某种文件类型，用这个命令搜索专业文档资料是非常实用的。具体的用法就是"关键词＋空格＋filetype＋英文冒号"，冒号后面的文件格式可以填写 pdf、ppt、doc、jpg 等。比如说你在"2019 年英语四级考试真题"后面加上了"filetype：pdf"，那么你搜索到的基本都是高质量的答案，如图 2.26 所示。再比如，你策划一个活动需要参考一下别人的 PPT 是如何做的，就可以输入"活动关键词＋空格＋filetype：ppt"的搜索指令，搜索出来的结果就都是 PPT 文档了。

图 2.26　filetype 指令搜索

6. "时间 1..时间 2"指令

该指令是限定搜索结果的时间范围，也非常重要，适用于了解某个

特定时间范围内关于某个关键词的信息。比如说你想了解一下近两年的电脑配置情况，为自己组装一台性价比最高的电脑；或者你想了解一下知识付费的相关信息；又或者你想知道想买的商品在某个时间段的价格信息，都可以用到这个搜索指令。该指令的用法是"关键词+空格+年份+两个英文的句号+年份"，这里需要注意，句号不要用成两个中文的句号了。例如在百度中搜索"电脑配置 2019..2020"，那么搜出来的基本上都是 2019 年到 2020 年的电脑配置清单，如图 2.27 所示。但如果是用关键词"电脑配置"去搜索的话，会出来很多广告信息。

图 2.27 "时间 1..时间 2"指令搜索

7. intitle 指令

该指令是限定搜索标题中包含的关键字。有时候为了避免在百度中找到许多零零散散相关度很低的内容，我们会使用 intitle 来提高搜索效率。它的用法是"关键词+空格+ intitle +英文冒号+需要限定的关键词"。例如，我想搜《唐人街探案》这部电影中关于王宝强的信息，而不想要和《唐人街探案》主题无关的信息，那么假如我在标题中限定"王宝强 intitle：唐人街探案"，其他关于王宝强活动的信息就可以屏蔽掉了，大大提高了搜索效率，如图 2.28 所示。

图 2.28　intitle 指令搜索

8. inurl/allinurl 指令

该指令限定搜索结果的网址中包含的字段，用于搜索查询词出现在 URL 中的页面，可以按英文字面意思理解。百度和谷歌都支持 inurl 指令，并且这个指令不仅支持英文，还支持中文。高级搜索指令 inurl 的语法格式为"inurl：×××（×××可以为任意字符串）"。此命令是查找 URL 中包含×××的网页。当要找多个字段时，我们可以使用"allinurl：多个字段"。

如果做搜索引擎优化工作，那么 inurl 指令就非常有用，可以快速找到竞争对手，因为关键词出现在 URL 中对排名有影响，并且 inurl 指令在有的时候可以取代 site 指令。site 指令后面要接的是某个网站的全部名称，不记得该网站的名称时，就可以用 inurl 来设定关键词。例如，你要搜索苹果无线耳机官方对大学生有没有优惠信息，但是你又不想搜到淘宝之类的广告，而且你不知道苹果官网的网址，无法使用 site 这个指令，这时候 inurl 指令就可以轻松解决问题。在搜索引擎里输入"AirPods inurl：Apple"，要注意的是这里的 Apple 是指在搜索的网址里一定要有 Apple 这个字段，那么就能直接定位到苹果的官网了，如图 2.29 所示。

图 2.29　inurl 指令搜索

9. site + inurl 组合指令

该指令可以查询网站某个栏目下收录了哪些内容。该命令的用法是"site + 英文冒号 + 搜索范围所限定的站点 + 空格 + inurl + 英文冒号 + 任意字符串"。如图 2.30 所示，在淘宝查询图片这个目录下收录了多少内容。

图 2.30　site + inurl 指令搜索

10. "*/?" 指令

该指令中"*"或"?"可以代替所有的文字或字母，是用以检索那些发生了变形的关键词或是不能确定的关键词。例如，在搜索引擎中输入"信*"后，查询的结果可以包含信件、信息、信念等内容，如图 2.31 所示。

通过搜索打开信息渠道，拓展眼界和思维，对于普通人来说，这是

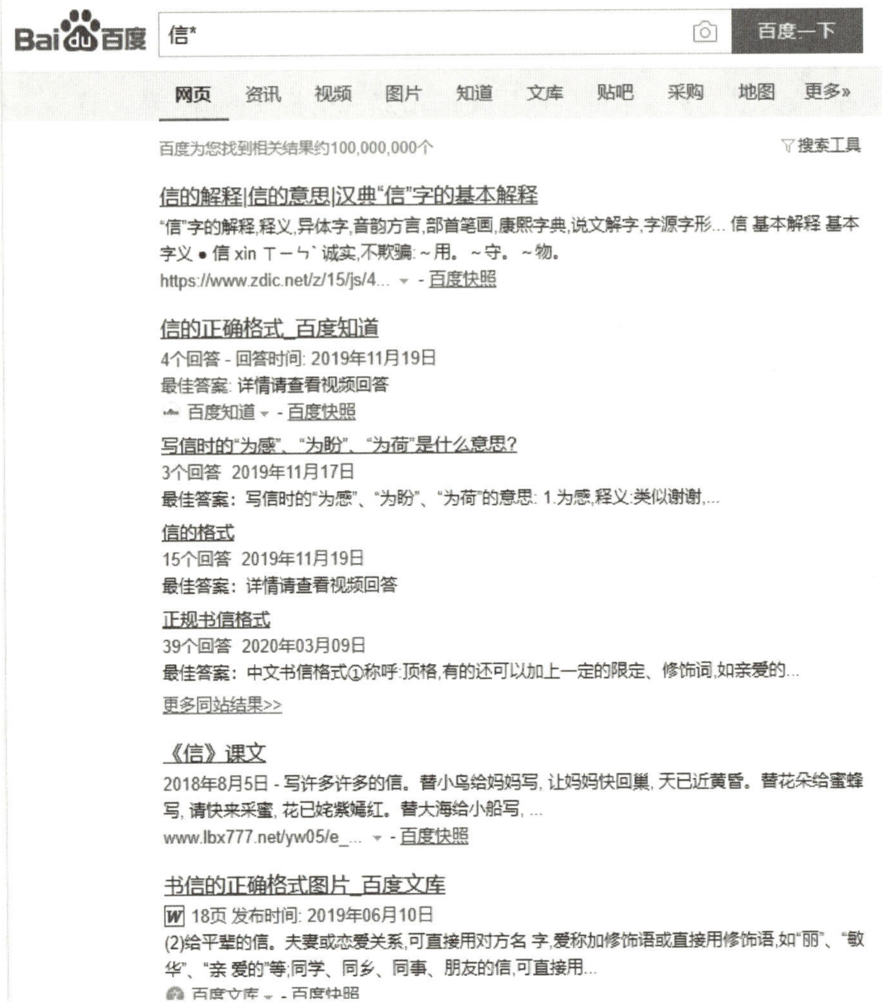

图 2.31 " * "指令搜索

最便宜的资源。但其实优质的资源并没有被每个人获得。在知识传播研究中,有一个词叫"知识沟",它起源于信息时代普及之前的电视传播时代。意思是随着大众传媒向社会传播的信息日益增多,并不会缩短信息差给人带来的差距,反而是社会经济地位较高的人比社会经济地位较低的人以更快的速度获取有用的信息。也就是说,在信息获取越来越容易的同时,处于不同社会经济地位的人获得媒介知识的速度是不同的,两类人之间的知识差距将扩大。这个研究是基于 20 世纪 70 年代电视在美国刚普及的时候,美国政府通过制作儿童教育节目来缩小不同阶层的儿童教育带来的差距,结果反而扩大了群体差异。好好地利用这些工具与指令,尽量不要被知识沟所隔离。当你跨过这个知识沟,就踏上了一条越走越宽阔的大路。

【课后提升】

小艺准备进行创业,最近开始留意奶茶店的市场行情。她首先关注的便是加盟问题。之前她从未主动了解过这方面的信息,想通过网络搜索获取信息。作为有了一定搜索基本功的你,如何帮助她一键直达可靠信息,避免被来路不明的广告所误导?

第 3 章

全网资源知觅处，
得来全不费工夫

【学习目标】

1. 具备将实际问题转化为具体信息需求的能力。
2. 掌握多种资源搜索的方法并能够灵活运用。

想看一场电影,想听一首音乐,想要十年真题……想要的就在那里,可就是得不到的痛苦你是否似曾相识?一路跋山涉水,历尽千辛万苦,获得的资源还是残缺不全、凌乱不堪,什么时候能够得来全不费工夫?

学习完本章内容,以上问题就可以迎刃而解。本章讲述获得网络资源的方式和方法。网络资源在不间断地迭代更新,所以在学习的过程中,要灵活运用搜索技巧,学会举一反三,探索适合自己的资源搜索方式,提高搜索效率。

3.1 娱乐资源获取

【案例3.1】

小信在闲暇之余想要观看经典影片《肖申克的救赎》,但是他搜索发现在线观看需要付费,如图 3.1 所示,并且在现有的在线视频网站上他只能找到中文字幕版,而小信希望观看中英双语字幕版,这样就可以在观看经典电影的同时提升自己的英语水平,你能帮助他找到上述资源吗?

当你想要解决一个问题,就必须学会分析问题,把遇到的实际问题转化为具体的信息需求。在案例 3.1 中,小信想要获取的具体信息需求是在线观看中英双语字幕版的电影《肖申克的救赎》。

【方法1】直接搜索查询,多平台选择在线观看。

在案例 3.1 中,知道了具体的信息需求后,选择合适的关键词进行检索,因为具体的信息需求包含在线观看,可以选择关键词为"肖申克的救赎 在线观看",选择搜索引擎进行检索,结果如图 3.2 所示。

第 3 章 全网资源知觅处，得来全不费工夫

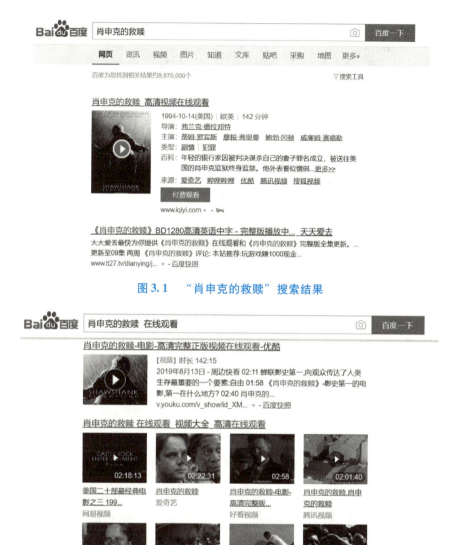

图 3.1 "肖申克的救赎"搜索结果

图 3.2 "肖申克的救赎 在线观看"搜索结果

对搜索结果进行筛选，可以发现在腾讯视频中可以直接观看到中英双语字幕版的《肖申克的救赎》。腾讯视频观看需要是会员，如果小信拥有腾讯会员，他就可以在线直接观看。如果小信没有腾讯会员，也不想充值会员，就需要继续筛选搜索结果。通过尝试发现在网易视频里不需

要会员就可以直接观看，如图 3.3 所示。

图 3.3 满足条件的搜索结果

在互联网世界中，各大网站纷纷推出 VIP 服务，更多的资源需要付费才能获得，知识付费的时代已然来临，这是未来的发展趋势。在获取网络资源的同时也需要明白，有的时候，付费往往是高效获取资源的最优解，这也是对知识或者资源创作者的尊重。

【方法 2】下载到电脑随时随地观看。

在方法 1 分析问题时已经获知案例 3.1 的信息需求，而方法 B 对于信息需求又做了进一步限定：把电影下载下来随时观看。那么在检索的时候就需要调整关键词，搜索"肖申克的救赎 中英双语字幕 迅雷下载"，检索结果如图 3.4 所示。在实际的信息检索中，需要根据具体情况调整关键词。

筛选搜索结果，打开满足条件的链接，如图 3.5 所示。

最后，选择迅雷下载即可，如图 3.6 所示。这里用到一款下载工具——迅雷。迅雷是一款基于多资源超线程技术的下载软件，免费向公众开放和使用。除了迅雷以外，经常使用的下载工具还有 IDM 下载器、QQ 旋风以及各个浏览器自带的下载工具等。

第3章 全网资源知觅处，得来全不费工夫

图 3.4 "肖申克的救赎　中英双语字幕　迅雷下载"搜索结果

图 3.5 满足条件的搜索链接

信息素养——吾将上下而求索

图 3.6　迅雷下载

【案例 3.2】

你的朋友听说刘慈欣的科幻小说《三体》非常不错，听闻你是技术达人，问你能否找到《三体》的电子书，她想要 PDF 和 TXT 两个版本，你能够找到上述资源吗？

首先，分析问题，案例 3.2 中要获取的信息资源是《三体》PDF 和 TXT 版本的电子书。

【方法 1】直接搜索关键词下载。

在确定信息资源以后，最直接的方法就是在搜索引擎中搜索关键词查找，选择合适的搜索引擎检索"三体 PDF TXT"，结果如图 3.7 所示。

图 3.7　"三体 PDF TXT"搜索结果

· 52 ·

第3章 全网资源知觅处，得来全不费工夫

通过筛选搜索结果，可以直接获得想要的资源信息，如图 3.8 所示。

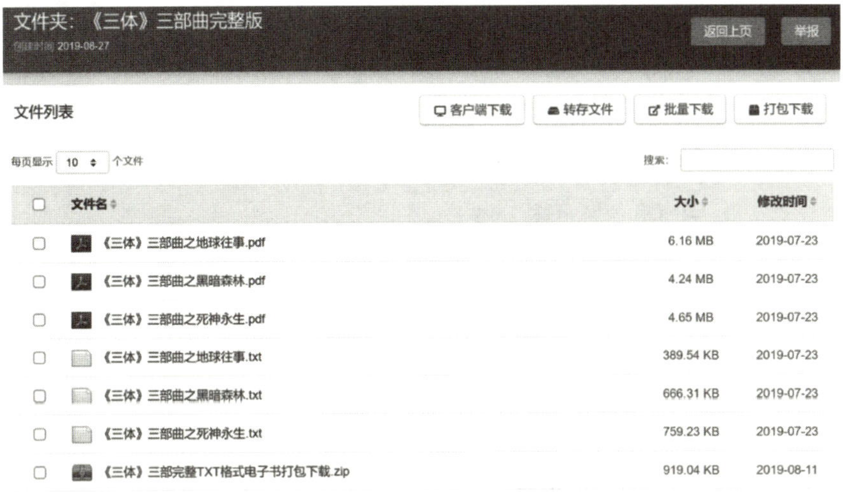

图 3.8 获取所需资源

【方法2】在垂直搜索引擎中检索。

方法 1 中，选择的搜索引擎为综合类搜索引擎百度，类似的搜索引擎包括搜狗、360、必应、雅虎等。在实际的使用过程中，针对某一特定领域、特定人群或特定需求提供的有特定用途的信息和相关服务的引擎为垂直搜索引擎。垂直搜索引擎相较于综合类搜索引擎信息量较少，但更为精确，是搜索引擎的细分和延伸。案例 3.2 中可以使用垂直搜索引擎进行检索，以鸠摩搜索为例，搜索结果如图 3.9 所示。

在鸠摩搜索中搜索可以快速高效获取想要的电子书资源。鸠摩搜索是电子书垂直类搜索引擎，使用这个搜索引擎主要是搜寻各种格式的电子书资源。类似的电子书搜索引擎包括书伴、我的小书屋等。在某些特定领域使用垂直类搜索引擎往往能取得事半功倍的作用。

【方法3】在手机软件中检索。

手机软件主要指安装在智能手机上的软件，微信、支付宝、微博等均是手机软件。随着手机软件的门类越来越丰富，针对某一特定领域的手机软件也如雨后春笋般出现。电子书类的手机软件包括微信读书、iReader 等。

在微信读书中搜索"三体"结果如图 3.10 所示。

图 3.9 在鸠摩搜索中搜索"三体"的搜索结果

图 3.10 在微信读书中搜索"三体"的搜索结果

在案例3.2中,除了使用常见的综合类搜索引擎,还使用了垂直搜索引擎和手机软件,而使用后者可以更快速地找到需要的资源。所以在信息搜索的过程中,要学会灵活运用,掌握不同的资源搜索方法,提高搜索效率。

3.2 学习资源获取

【案例3.3】

为了提高自己的专业竞争力,小信决定报考今年的初级会计职称考试。相关的备考书籍他已经有了,但是小信觉得还是不够,他听说练习真题的复习效果非常好,想要获取近十年的初级会计职称考试真题,你能帮他解决这个问题吗?

分析案例3.3不难发现,小信的信息需求是获取近十年的初级会计职称考试真题。

【方法1】搜索关键词直接下载。

确定信息需求之后,直接选择搜索引擎进行搜索,关键词为"初级会计职称考试真题 十年",结果如图3.11所示。

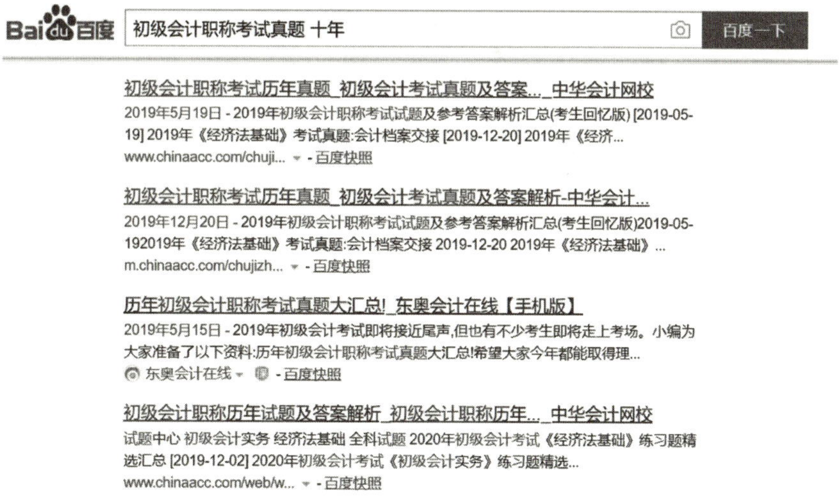

图 3.11 "初级会计职称考试真题 十年"的百度搜索结果

搜索结果中有大量广告和无用信息,很难找到想要获取的资源,这个时候需要调整关键词为"初级会计职称考试真题 十年 filetype:doc",

限定搜索结果的文件类型为 doc 格式，搜索结果如图 3.12 所示。

图 3.12 "初级会计职称考试真题 十年 filetype：doc"的百度搜索结果

调整搜索词后，搜索结果更为简洁和直观，可以直接获得需要的 doc 格式文档，如图 3.13 所示。适时调整关键词在信息搜索中至关重要，添加搜索的语法指令是一种十分高效的搜索技巧。

图 3.13 获取所需 doc 文档

【方法 2】在垂直搜索引擎中搜索。

使用垂直搜索引擎问答库（asklib.com）。问答库是一个非常全面的考试题库查询网站，如图 3.14 所示。

第 3 章 全网资源知觅处，得来全不费工夫

图 3.14 问答库网站首页

也可以使用淘宝，在淘宝中直接搜索"初级会计考试真题 十年 电子版"，结果如图 3.15 所示。

图 3.15 在淘宝中搜索"初级会计考试真题 十年 电子版"的搜索结果

在使用网络信息资源时，并不能一味强调免费，有时适当的付费可能更为高效和便捷。以案例 3.3 中初级会计考试真题来说，在网络上已经有专业的人做好整理，只需要付适当的费用即可轻松获得。比起辛苦搜索而不得或者是花费很多时间来说，适当付费可以说更值得。

【方法3】手机软件中直接学习。

在手机应用商店中，直接搜索"初级会计职称"，下载相应软件，在软件中学习，如图3.16所示。

图3.16　在手机软件中学习

和案例3.2相似，案例3.3也可以使用手机软件直接获取资源。相对而言，在手机软件中获得的资源信息，阅读和使用都更为便捷。

【案例3.4】

小信最近迷上了修图，特别是在网络上看到高手们化腐朽为神奇的PS技巧后，更是让小信对此心驰神往。小信想利用课余时间学习Photoshop，现在缺少一门合适的网络课程，你能否帮助小信找到学习Photoshop的网络课程资源？

分析案例3.4，小信的信息需求是获取Photoshop的网络课程资源。在日常的学习生活中，通过综合类搜索引擎直接搜索关键词一般都可以查询到相应的信息，但结果各不相同，案例3.3中，第一次搜索的结果就不是十分理想，所以要适时调整关键词。结合案例3.4，确定关键词为

"Photoshop 教学视频",结果如图 3.17 所示。

图 3.17 "Photoshop 教学视频"的百度搜索结果

打开其中的一项检索结果,就可以获得想要的信息资源,如图 3.18 所示。

图 3.18 获取资源

继续探索这条搜索结果,在"我要自学网"中存在着大量的网课资源,而这个网站就是前面提到的垂直类搜索引擎。学习到这里可以发现,在获取资源时，很多内容是触类旁通的，不仅限于一种方法或者一种方式。

"我要自学网"创立于 2007 年 6 月，在教学视频领域广受好评，主流的网络课程资源均可以在网站上获得，如图 3.19 所示。

图 3.19 "我要自学网"首页

在案例 3.4 中，类似的可以获取视频课程的网站还有很多，以获取 Photoshop 教学资源为例，比较著名的有网易公开课（网易推出的公开免费课程平台），如图 3.20 所示。

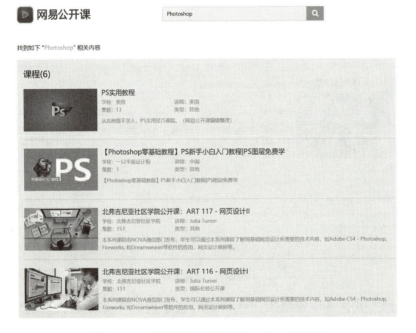

图 3.20 在网易公开课搜索 Photoshop 的结果

中国大学 MOOC（国家精品课程在线学习平台）网站上也有很多视频课程，如图 3.21 所示。

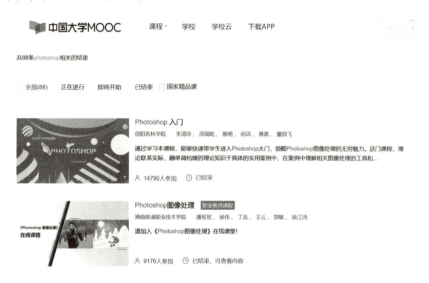

图 3.21　在中国大学 MOOC 上搜索 Photoshop 的结果

还有一些诸如网易云课堂、百度传课、腾讯课堂、淘宝教育和新浪公开课等视频课程平台。例如，在腾讯课堂搜索 Photoshop 的搜索结果如图 3.22 所示。

图 3.22　在腾讯课堂搜索 Photoshop 的搜索结果

与网站相对应的手机 APP 可以很方便地在应用商店中下载获取,可以随时随地通过手机 APP 观看视频课程,如图 3.23 所示。

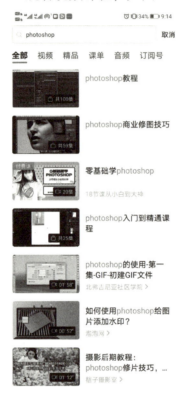

图 3.23　在手机 APP 上搜索 Photoshop 的结果

通过以上四个案例,我们学习了几种获取网络资源的具体方式和方法。总结获取网络资源的具体方式,可以得出资源搜索的基本逻辑。

第一,分析问题,把遇到的问题转化为具体的信息需求。

第二,选择工具,包括综合类搜索引擎、垂直类搜索引擎、手机软件等。

第三,检索信息。

第四,筛选信息。

第五,应用信息。

网络资源俯拾皆是,四个案例的具体学习是远远不够的,需要更多地去探索和发现。另外,值得注意的是,在获取网络资源时需要符合法律法规,尊重他人的知识产权和劳动成果,只有这样才能形成网络资源

第 3 章 全网资源知觅处，得来全不费工夫

的良性循环。

【网络资源集锦】

导航网站：猎手导航、hao123。hao123 导航网站首页如图 3.24 所示。

图 3.24　hao123 导航网站首页

网盘资源：百度网盘、新浪微盘、360 云盘、腾讯微云。百度网盘页面如图 3.25 所示。

图 3.25　百度网盘页面

网络论坛：天涯论坛、经管之家、直播吧。天涯论坛首页如图 3.26 所示。

图 3.26　天涯论坛首页

图片：昵图网、摄图网、视觉中国、Pexels、Easyicon。摄图网首页如图 3.27 所示。

图 3.27　摄图网首页

PPT 模板：OfficePLUS、比格网。OfficePLUS 首页如图 3.28 所示。

图 3.28　OfficePLUS 首页

音乐：墨灵音乐、FindSounds。墨灵音乐首页如图 3.29 所示。

图 3.29　墨灵音乐首页

电子书：鸠摩搜索、中国国家图书馆、世界数字图书馆。中国国家图书馆首页如图 3.30 所示。

图 3.30　中国国家图书馆首页

字体：求字体、方正字库、字体之家。方正字库首页如图 3.31 所示。

图 3.31　方正字库首页

第 3 章　全网资源知觅处，得来全不费工夫

百科：维基百科、百度百科、搜狗百科。百度百科首页如图 3.22 所示。

图 3.32　百度百科首页

经验：百度经验、wikiHow。wikiHow 首页如图 3.33 所示。

图 3.33　wikiHow 首页

文库：百度文库、道客巴巴、豆丁网。道客巴巴首页如图 3.34 所示。

图 3.34　道客巴巴首页

论文：中国知网、百度学术、谷歌学术。中国知网首页如图 3.35 所示。

图 3.35　中国知网首页

【课后提升】

新年临近,你们班想要组织一场新年晚会,利用本章所学知识,请你快速高效地完成一篇班级新年晚会的策划方案。

第 4 章
莫愁前路无知己，天下谁人君不识

【学习目标】

1. 掌握搜索人脉的方式和方法。
2. 正确认识人脉和运用人脉。

常言说"一个好汉三个帮,一个篱笆三个桩",说的就是人脉的重要性。现代社会越来越注重个人的社会性属性,人脉的多寡,在很大程度上决定了你是否能够成功。

六度人脉理论(Six Degrees of Separation)认为,地球上所有的人都可以通过六层以内的关系链联系起来,也就是说,最多通过六个人你就能够认识任何一个陌生人。那么链接一个陌生人真的如此简单吗?那些看起来高高在上的名人是我们能联系到的吗?如何去积累人脉、搜索人脉、吸引人脉就是本章所要讲解的内容。

4.1 寻找院士钟南山

本章节选取了两个案例,分别是寻找专业领域的权威钟南山院士以及行业知名人物吴晓波先生。寻找人脉不仅需要渠道和技巧,而且需要锲而不舍。很多要寻找的人,他们的联系方式就在公开的渠道上,如果能带着价值和机会去找,对方没理由拒绝你,所以大胆去吧,看你的诉求能否引起他的兴趣!

【案例4.1】

小信最近在写自己的毕业论文,在查看文献资料的时候,一篇新闻报道中的一个观点引起了他的注意,但是这篇报道的内容不够详细,他只知道这个观点是钟南山提出的,那么他该怎样与钟南山取得联系,并获得想要的论文资料呢?

第 4 章 莫愁前路无知己，天下谁人君不识

首先，分析问题。问题的核心是找到钟南山的联系方式，进而获得想要的论文资料。

【方法1】搜索引擎里直接搜索。

在案例 4.1 中，套用资源搜索的基本逻辑，分析问题，选择工具，检索信息"钟南山 联系方式"，查看是否可以找到结果。百度搜索结果如图 4.1 所示。

图 4.1 "钟南山 联系方式"的百度搜索结果

筛选信息，选择打开第一个检索结果，如图 4.2 所示，发现钟南山为中国工程院院士、著名呼吸病学专家、广州医科大学附属第一医院主任医师。继续深入查找联系方式，得到钟南山院士的出诊医院地址以及出诊医院电话，具体结果如图 4.3 所示。

【方法2】通过目标人物所写文章取得联系方式。

在期刊文献中通常会留有作者的联系方式，可以通过查阅作者写过的相关文献查找联系方式。在案例 4.1 中，想要查询钟南山发表的期刊文献，需要打开垂直类搜索引擎中国知网，搜索的关键词限定为作者，如图 4.4 所示。

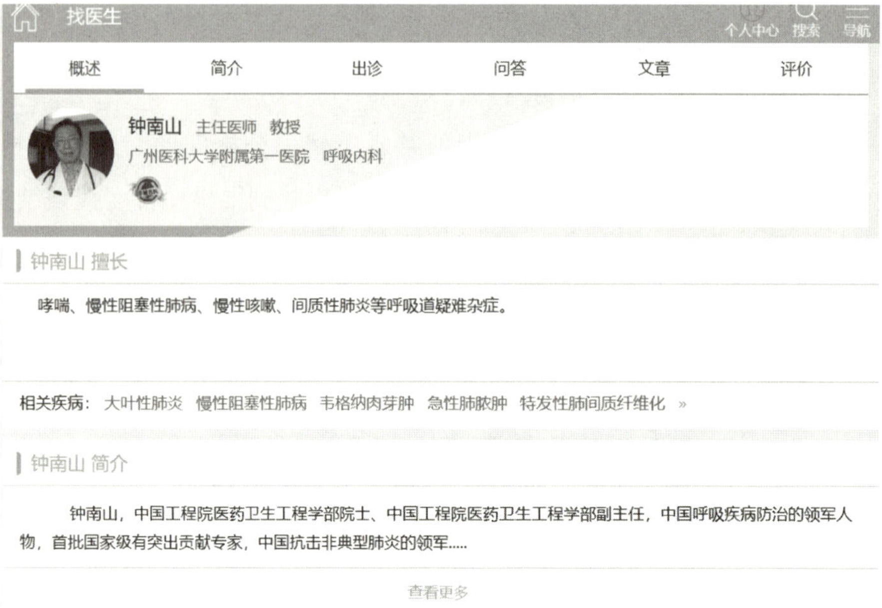

图 4.2　第一个检索结果

出诊医院地址:
广州市越秀区沿江西路151号
出诊医院电话: 8620-83062114；34294311(海印分院)(24小时咨询电）;
8620-83062114；34294311(海印分院)(24小时预约挂号)
邮政编码: 510120
传真号码: 8620-83395651;34294123(海印分院)
乘坐公交车: 乘40、58、194路车在总站下。

图 4.3　深入查找得到所需信息

第4章 莫愁前路无知己，天下谁人君不识

图 4.4　在中国知网中将关键词限定为"作者"

输入关键词"钟南山"，进行检索，结果如图 4.5 所示。

图 4.5　在中国知网中搜索"钟南山"的搜索结果

打开其中的一篇文章，找寻联系方式。需要注意的是，并不是每一篇文章都有作者的联系方式。

在搜索人脉的过程中，信息往往不是一蹴而就得到的，而是要通过不断的寻找获得。继续筛选信息，找到有作者联系方式的文章，如图 4.6 所示。

Progress in prevention and treatment of chronic airway diseases in 2017

ZHONG Nanshan

State Key Laboratory of Respiratory Diseases, National Clinical Research Center for Respiratory Diseases, Department of Respiratory Medicine, the First Affiliated Hospital of Guangzhou Medical University, Guangzhou, Guangdong 510120, P. R. China
Corresponding author: ZHONG Nanshan, Email: nanshan@vip.163.com

【Abstract】Chronic airway diseases constitute the majority of mortality of respiratory diseases in China. The 2017 Global Initiative for chronic obstructive pulmonary diseases (COPD) has proposed a novel scheme for classification of disease severity. The mainstream for COPD management has shifted to the combination of long acting $β_2$ agonists (LABA) and long acting muscarinic cholinergic antagonists instead of inhaled corticosteroid and LABA . Tiotropium was effective in early COPD with little or even without symptoms. The manangement strategy on COPD may be moving to the upper stream (early intervention). Greater interest has been focusing on clinical phenotyping and inflammatory pathways in asthma. The greater understanding of the pathogenesis of asthma has been associated with the clinical trial progress which

---

DOI：10.7507/1002-0179.201712048
基金项目：长江学者及大学创新研究团队基金（ITR0961）；国家重点技术研发基金"十二五"计划（2012BAI05B01）；国家重点科技支撑计划：慢性阻塞性肺疾病与肺癌协同创新研究计划
通信作者：钟南山，Email：nanshan@vip.163.com

图 4.6　获得联系方式的文章

至此，小信通过信息检索的方式获得了两种联系到钟南山的方式，而能否获得最终的信息资源，仍需努力大胆去做。案例 4.1 中提及的中国知网始建于 1999 年 6 月，由清华大学、清华同方发起，提供学术文献、外文文献、学位论文、报纸、会议、年鉴、工具书等各类资源检索、导航、在线阅读和下载的服务，是学习、写作论文等不可错过的网络资源站点。

4.2　联系财经作家吴晓波

【案例 4.2】

小信的老板非常推崇一位财经作家吴晓波，希望他能够来公司做一场聚焦财经的讲座，问小信能否联系到他。这个时候小信该怎样去完成任务呢？

【方法 1】直接检索信息获取联系方式。

按照资源搜索的基本逻辑，首先分析问题。小信的信息需求是获取

第4章 莫愁前路无知己，天下谁人君不识

吴晓波的联系方式，并邀请他来公司做一场财经讲座。在综合类搜索引擎中直接检索"吴晓波 联系方式"，结果如图4.7所示。

图4.7 "吴晓波 联系方式"的百度搜索结果

筛选信息，可以找到吴晓波助理的联系方式。这里需要注意，诸如案例4-2中联系方式的获取，综合类搜索引擎信息的来源复杂，通过直接搜索获得的某些信息不可轻信，要学会判断信息的真实性和有效性。

【方法2】通过微博搜索联系。

一般情况下，知名人物或者公众人物都会开通微博，可以通过微博搜索的方式找到他们。打开微博搜索目标人物姓名即可，如图4.8所示。

通过搜索找到目标人物微博，选择私信直接获取联系，如图4.9所示。

其实，观察微博简介内容，商务合作有详细的联系方式，如图4.10所示。

这个信息正是小信所需要的，可以直接打电话或者通过邮箱联系洽谈。需要注意的是，很多名人或者公众人物，并不是自己在运营微博，有时候联系他们的经纪人或者他们指定联系的人更能提高效率。

信息素养——吾将上下而求索

图 4.8　吴晓波微博首页

图 4.9　与吴晓波通过微博私信联系

基本信息

昵称：吴晓波

所在地：浙江 杭州

性别：男

博客：http://blog.sina.com.cn/wuxiaobo2009

个性域名：https://weibo.com/wuxiaobo2009

简介：商务合作请联系 毛洺 电话：13296979757 邮箱：maochangyu@890media.com

注册时间：2009-08-28

图 4.10 吴晓波微博的简介内容

【方法3】通过天眼查搜索联系

天眼查是服务于个人与企业信息查询的商业安全工具。如果企业法人、企业核心人员的联系方式有留存，可以在天眼查上直接查到；如果没有，可以继续探究查询等。具体步骤如下：打开天眼查网站，选择"查老板"，输入"吴晓波"，可以在他的商业角色中看到他担任法定代表人的公司，结果如图 4.11 所示。

图 4.11 在天眼查中搜索"吴晓波"的结果

查到相关法定代表人公司后，继续查看公司详情，可以获得具体信息，如图 4.12 所示。

在具体信息中，可以获得吴晓波公司所在地址。继续搜索，可以直接打开公司网址，在网页上找到相关联系方式，如图 4.13 所示。

图 4.12　公司详情

图 4.13　公司网页上的联系方式

在以上两个案例中可以看到，寻找人脉的方式并不是想象中那么困难，很多公众人物的联系方式在公开渠道上都可以查到。但困难的是，当你找到了要找的人，如何让他对你的诉求产生兴趣。

寻找人脉或积累人脉时，一定要注意双方的平等性。你要思考你能为他带来什么价值，让彼此双赢，这样才能持续对别人发挥影响力，提高自己的价值，真诚地与人交往是建立良好人脉关系的重中之重。

人脉搜索是人脉积累的重要方式，很多你要找的人，可能就等待着你的寻找。

【人脉搜索的渠道】

1. 微博

在微博中,搜索人脉的方式有:①直接发私信,与博主取得联系;②通过主页简介中留存的邮箱或联系方式,例如案例 4.2 中,简介中公开的联系方式往往更有效;③通过搜索到的微博名称推测其微信账号、邮箱账号等;④输入关键词,例如"科技""投资"等寻找相关人脉。

2. 知乎

知乎是网络问答社区,连接各行各业的用户。在知乎中,可以发私信或者向对方提一个有价值的问题。另外,在对方的主页或文章中也可能留有联系方式。

3. 搜索引擎直接搜索

在搜索引擎中直接搜索目标人物的联系方式、手机号、微博等也是最便捷高效的方式之一,搜索中文关键词或者英文关键词。搜索中文关键词及其对应的英文关键词的格式如下。

目标人名　手机号/Name tel

目标人名　微信/Name wechat

目标人名　联系方式/Name contact

目标人名　邮箱/Name email

目标人名　微博/Name weibo

目标人名　事件/Name event

目标人名　演讲/Name speech

目标人名　日程安排/Name schedule

目标人名　活动/Name activity

4. 在线文档平台

通过百度文库、道客巴巴、豆丁网、新浪爱问,搜索通信录,特别是国企和大型企业的管理者、高级知识分子等,有可能会有意想不到的收获。

5. 微信、微信公众号搜索

如果网页中没有留下相关信息,那么微信或者微信公众号也是一个不可忽视的搜索方式。

6. QQ 群搜索

在 QQ 群搜索中,搜索目标人物或组织的关键词,通过相关的 QQ 群和 QQ 号,找到想要搜索的目标信息。

7. 邮箱

一般情况下,陌生人是不喜欢直接和你对话或微信交流的,最好的沟通方式是邮件。如果你准确得知目标人物的邮箱,那成功的可能性会更大一些。获知邮箱地址的方式:①使用关键词搜索,如"姓名+邮箱";②推测目标人物邮箱地址,姓名或者众所周知的正式英文名加上公司官网域名作为邮箱的地址比较常见,可以推测发送寻找。

8. 天眼查

很多企业或者企业法人的联系方式是可以直接在天眼查上查询到的。

9. 领英

领英是一家面向商业客户的社交网络。在领英中,有很多知名人物的联系方式是可以直接查询的。

人脉搜索并不是简单的求人帮忙,当你在积累人脉或者是寻找人脉时,你需要带着价值或机会去找他,这样才不至于被人拒于千里之外。不断提升自己的价值,让自己成为别人的人脉才是人脉积累中的本质。成就自己,天下识君。

【课后提升】

假如你想找胡歌出席公司的品牌活动,你该如何联系他?

第 5 章
书山有路搜为径，
学海无涯乐作舟

【学习目标】

1. 能搜索到英语等级考试备考的有效信息。
2. 能搜索到专升本的途径和备考的有效信息。
3. 掌握学术搜索的方法。

不是所有的"学霸"都是天生智商高，而是他们善于获取自己所需信息。有些专家认为，人一生所用的知识只有10%是在校园学到的，而绝大部分要在生活与工作中不断获得。成为"学霸"并不是没可能，掌握更多的信息搜索方法和手段，对一生的成长都有价值。本章所要讲解的内容就是学术搜索的方法。

5.1 英语等级考试备考

英语四、六级考试是教育部主管的一项全国性的英语考试，目的是对大学生的实际英语能力进行客观、准确的测量，为大学英语教学提供测评服务。

【案例5.1】

小明作为一名高职学生，为了提升自己的英语水平，准备报考英语四级考试。那么如何才能更高效地备考呢？

【方法1】通过搜索引擎获取英语等级考试历年真题。

选择百度搜索。选择合适的关键词，配合搜索辅助词，搜索结果精准快捷。确定搜索关键词为"英语四级历年真题 filetype：doc"，结果如图5.1所示。

【方法2】通过电商平台购买英语等级考试历年真题。

小明通过百度搜索，从百度文库中找到了英语四级历年真题电子版，小明还是希望购买纸质版来做题。纸质版如何获取？电商平台方便快捷，

第 5 章　书山有路搜为径，学海无涯乐作舟

图 5.1　"英语四级历年真题 filetype：doc"的百度搜索结果

如京东商城等。

【方法 3】通过图书馆借阅英语等级考试历年真题。

小明可以在学校图书馆借阅。图书馆作为学校文献服务中心，为师生保存了大量的文献资源。在图书馆文献检索系统主页上，使用"英语四级真题"作为关键词，搜索结果如图 5.2 所示。在搜索结果中，我们可以查阅每种图书是否可以借阅、所在馆藏地和索书号等信息。

图 5.2　在图书馆搜索"英语四级真题"的结果

【方法4】通过知乎搜索。

在知乎网站页面上，使用"英语四级攻略"作为关键词，搜索结果如图5.3所示。搜索的结果为我们提供了很多的条目，通过选择适合的条目阅读，选取适合自己的攻略，更高效地备考。

图5.3　在知乎搜索"英语四级攻略"的结果

【方法5】通过中国教育考试网浏览英语四级考试信息。

中国教育考试网是教育部考试中心的官方网站，是国家教育考试、社会证书考试、海外教育考试和其他类考试的官方网站，如图5.4所示。

图5.4　中国教育考试网首页

在中国教育考试网主页上，我们可以选择"考试项目"→"社会证书考试"→"全国大学英语四、六级考试（CET）"，如图5.5所示，进入"全国大学英语四、六级考试"主页。

图 5.5　中国教育考试网"考试项目"

在"全国大学英语四、六级考试"主页上，我们可以浏览到和四六级考试相关的许多项目，如"考试动态""考试大纲""考试时间""考试内容"和"考生服务"等。这些项目中包含了四、六级考试涉及的官方解释内容，如图 5.6 所示。

图 5.6　"全国大学英语四、六级考试"主页

在"考试动态"页面中,我们可以及时了解到关于英语四、六级考试的信息,如图 5.7 所示。

图 5.7　"考试动态"页面

在"考试大纲"页面中,我们可以全面了解到全国大学英语四、六级考试的大纲内容,让我们备考时有据可依,如图 5.8 所示。

图 5.8　"考试大纲"页面

在"考试内容"页面中,我们可以详细了解到全国大学英语四、六级考试的试卷结构、测试内容、测试题型、题目数量、分值比例、考试时间等信息,如图5.9所示。

图5.9 "考试内容"页面

在"常见问题"页面中,我们可以更便捷地查询到在全国大学英语四、六级考试中常遇到的问题,如图5.10所示。

图5.10 "常见问题"页面

在"考生服务"页面中,有"在线报名""成绩查询""补办成绩证明书""口语考试系统培训""成绩核查""成绩证明"等服务,如图5.11所示。

图 5.11 "考生服务"页面

选择"在线报名"后,进入"请考生根据所在省份选择报名入口"页面。考生根据所在地,选择报名入口,如图 5.12 所示。

图 5.12 考生报名入口

以江苏考生为例,进入全国大学英语四六级报名网,如图 5.13 所示。

第 5 章　书山有路搜为径，学海无涯乐作舟

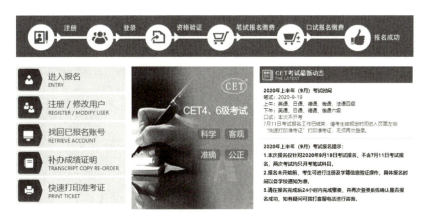

图 5.13　全国大学英语四六级报名网

在全国大学英语四、六级报名网主页上，选择"报名流程"，进入"考试报名流程"页面，下载"全国大学英语四六级考试（CET）报名流程"，如图 5.14 所示。考生可以根据报名流程，按步骤完成报名。

图 5.14　考试报名流程下载

英语学习其他资源推荐

沪江网校是专业的互联网学习平台，致力于为用户提供便捷、优质的学习资讯、学习社区、学习工具和教学平台等网络学习产品和服务，主

要包含语言学习、小语种资源、职场兴趣和中小幼教等。

普特英语听力集合优质听力资源，主要包含著作演讲、经典名著和各国新闻等。

大耳朵英语有各种英语素材，主要包含新闻时事、小语种资源、各类课程资源和广播素材等。

5.2 专升本途径和备考

专升本考试是指专科层次学生进入本科学习的选拔考试。

【案例5.2】

小明的本科梦在高考时虽未能如愿实现，但他并没有放弃，早早就开始准备升本的材料。

【方法】找攻略，查信息

首先可以通过知乎网站，使用"升本"作为关键词，搜索攻略。阅读攻略可以了解升本的政策、升本途径及各个途径之间的优缺点，如图5.15所示。结合自身条件，选择合适的升本途径。

图5.15 知乎上的专升本攻略

第 5 章　书山有路搜为径，学海无涯乐作舟

选择适合自己的升本途径后，可以通过江苏省教育考试院网站找该途径的相关招生政策，如图 5.16 所示。江苏省教育考试院是江苏省各类学历教育考试的政府主管部门，具体负责普通高校招生考试、自学考试、成人高考、高中学业水平考试、各类证书考试的组织管理工作。

从招生政策中可以了解到报名条件、报名时间、考试科目、志愿填报和录取工作等。

图 5.16　江苏教育考试院网站

选择学校时，通过国家教育部网站查询"全国高等学校名单"，如图 5.17 所示。通过"完美志愿"网站，可以查询到学校的综合排名及毕业生毕业五年后的薪酬情况等数据，如图 5.18 所示。通过百度指数，查询学校的动态热度指数，如图 5.19 所示。查询具体招考学校的招生简章，了解学校的概况、招生情况、专业情况和收费等，如图 5.20 所示。综合各项数据，进行客观分析，选择适合自己的学校。

图 5.17　教育部高等学校名单查询

图 5.18　"完善志愿"网站的全国大学薪酬查询

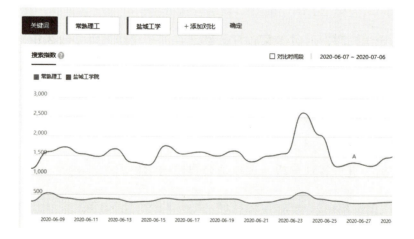

图 5.19　通过百度查询热度指数

图 5.20　常熟理工学院招生简章

5.3　学术搜索

学术搜索引擎是专门搜索学术资源的搜索引擎，具有信息涵盖广、重复率低、相关性好、学术性强等特点。随着搜索引擎的快速发展，学术搜索引擎具备个性化、智能化、数据挖掘分析、学术圈等特色。

【案例 5.3】

小明除了准备英语等级考试、升本考试外，写学术论文也是他一个重要的学习内容。学术的专业信息怎么搜索呢？

【方法】使用学术搜索引擎

对于查资料写论文的同学来说，最常用的就是中国知网（www.cnki.net）。

在知网的主页，直接选用"主题词"作为关键词搜索，即可搜到与主题相关的论文。通过使用知网的"高级搜索"功能，我们不需要使用复杂难记的逻辑符号，页面可以自动构造高级的检索逻辑。可以直接通过"主题词""篇名""作者""文献来源"等关键词，选择"精确"匹配进行高精度的搜索，也可以选择"模糊"匹配来扩大查询范围，如图 5.21 所示。

对于想要想查阅"出版物"的同学来说，中国知网也为同学提供了检索入口。检索入口位于"中国知网"主页检索框右边，如图 5.22 所示。

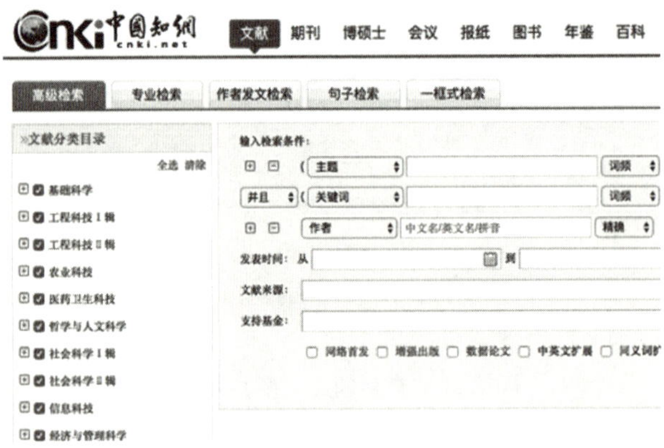

图 5.21　高级检索

图 5.22　出版物检索入口

在"出版物检索"页面，我们可以通过"来源名称""主办单位""出版者""ISSN""CN""ISBN"等检索，也可以使用页面的左边"学科导航"，通过分类来检索期刊，如图 5.23、图 5.24 所示。

图 5.23　出版物关键词检索

第 5 章　书山有路搜为径，学海无涯乐作舟

图5.24　出版物学科导航检索

通过关键词检索或学科导航检索方式检索出目标出版物后，进入出版物简介页面。

在"出版物简介"页面，我们可以看到该出版物历年的刊期及对应的目录。通过目录可以浏览具体文章的内容。

如果学校购买了知网的使用权，那么可以根据学校知网使用方法来免费下载论文。对于普通用户来说，查询是免费的，但是下载要收费，可以通过支付宝、微信等方式充值，如图 5.25 所示。

【学术搜索资源推荐】

万方数据　百度学术　必应学术　谷歌学术

【技能学习资源推荐】

(1) 学习如何开网店、降低生意成本：淘宝大学
(2) 终身学习：综合大学课程。

图 5.25　付费方式

（3）从语言到编程：万门大学。

（4）从办公效率到产品设计：网易云课堂

（5）从生活学习情感到生活的一切：荔枝微课、喜马拉雅。

【课后提升】

根据推荐的学术搜索资源，尝试使用其中的一些学术搜索方式，获取更多的资源。

第 6 章
幸福生活学搜索，便捷生活即神仙

【学习目标】

1. 懂健康医疗。
2. 能合理膳食。
3. 会购物比价。
4. 会休闲旅游。

支付宝的扫脸支付功能，只需对着屏幕看一眼，点击"确认付款"就 OK 了。扫码支付还要拿出手机，打开微信或支付宝，扫码，输入密码，然后才能付款成功。现在手机都不用拿，一眼就可付款，搞得从付款台前路过都不敢抬头看，生怕看一眼钱就没了。

说到扫脸支付想到最多的一个词就是便捷。技术创新这些年让我们生活的便捷程度提高了不止一个档次：不用出门逛街，因为网上应有尽有，而且 24 小时不打烊随时可下单；停车场收费系统让你不用排队刷停车卡，也不用准备零钱，一扫而过；出门看一下地图的 APP，就知道现在道路的拥堵情况；出门旅行，各种手机 APP 搞定旅途中的吃、住、行。

这些技术革新让消费者更便捷。本章就让我们来了解一下信息搜索为我们带来了哪些幸福吧。

6.1 健康医疗

医疗卫生水平大幅提高，人民健康得到了保障，那么如何更高效地利用好现有的医疗条件呢？如何选择合适的医院和医生呢？

【案例 6.1】

看了如图 6.1 的新闻报道后，大家会有什么感受呢？医生开了很多药，疗效却不是很好。那么如何通过搜索来避免发生这类事情呢？

我们以治疗糖尿病为例。通过这些方法，不仅可以省钱，还可以避免遇到庸医和骗钱的医院。这些对大家非常重要。

第6章　幸福生活学搜索，便捷生活即神仙

河南去年一年处理1.7万名医生 多因乱开药

图6.1　新闻报道

【方法1】搜索"世界卫生组织药物指南"。

通过百度搜索"世界卫生组织药物指南"，如图6.2所示。在世卫组织网站上下载"世卫组织基本药物标准清单"和"世卫组织儿童基本药物标准清单"，如图6.3所示。打开"世卫组织基本药物标准清单"文档，查找"糖尿病"相关药物，如图6.4所示。对比医生所开药物处方，看其中是否有关键性药物，以免耽误治疗。

图6.2　在百度搜索"世界卫生组织药物指南"

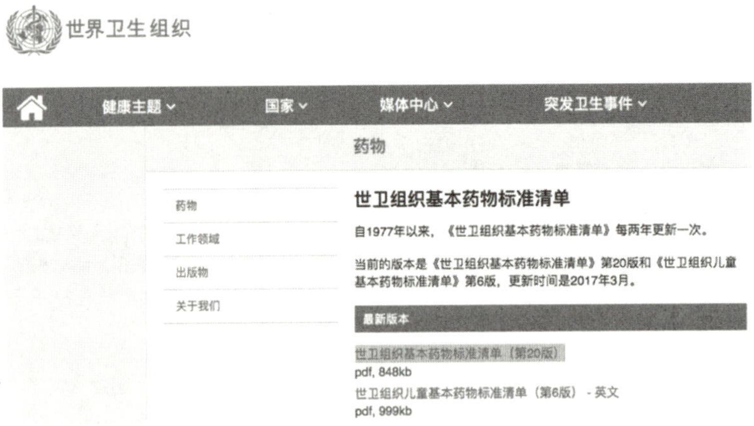

图6.3 世卫组织基本药物标准清单

18.5 胰岛素和其他抗糖尿病药	
格列苯脲	片剂：2.5mg；5mg
胰岛素注射液（水溶性）	注射剂：40IU/ml 10-ml 小瓶；100IU/ml 10-ml 小瓶
中效胰岛素	注射剂：40IU/ml 10ml 小瓶；100IU/ml 10ml 小瓶（作为胰岛素锌化合物混悬液，或低精蛋白胰岛素）
甲福明（二甲双胍）	片剂：500mg（盐酸盐）

图6.4 基本药物标准清单中"糖尿病"相关药物

  平时可以关注一些医药手机 APP 或网站，如"丁香医生"。"丁香医生"是面对大众的药品信息查询及日常安全用药的辅助工具平台。我们可以从该平台上了解到日常生活中常见病、常用药，如图6.5、图6.6所示。

图6.5 "丁香医生"网站首页

第 6 章　幸福生活学搜索，便捷生活即神仙

图 6.6　用药助手

【方法 2】选择合适的医院。

如何挑选医院也是很多人面对的一个难题。首先看资质，三甲医院还是有保证的。进入"中华人民共和国国家卫生健康委员会"网站，查询全国医疗机构信息和医生执业注册信息，如图 6.7、图 6.8 所示。其次，借助参考平台，推荐使用"好大夫在线"。"好大夫在线"是一个寻找好医院和好医生的参考平台，也是一个医患沟通的平台，如图 6.9 所示。要注意的是，医生基于患者自述的病情所发表的言论仅供参考，不能作为诊断和治疗的直接依据。

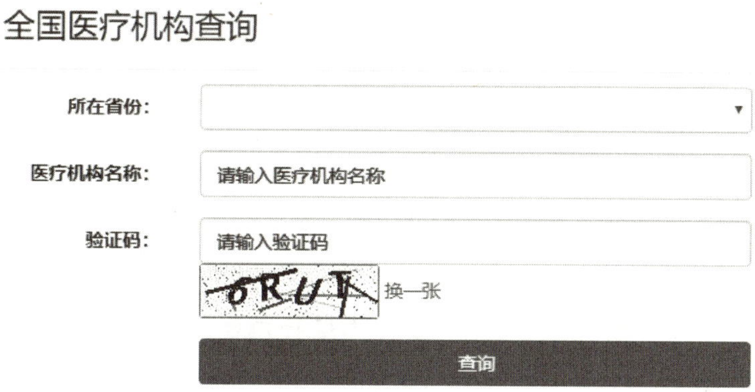

图 6.7　全国医疗机构查询

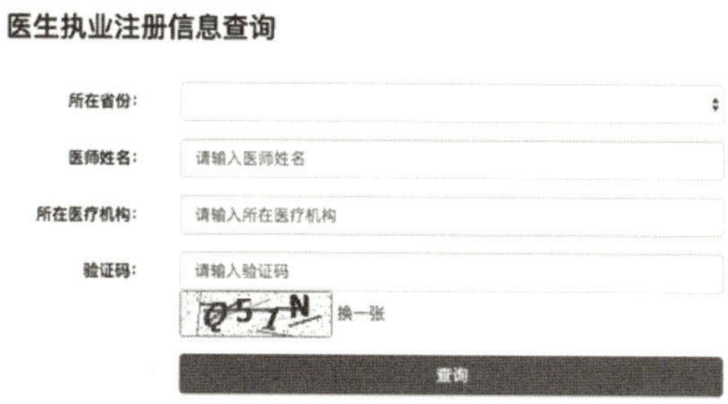

图 6.8　医生执业注册信息查询

信息素养——吾将上下而求索

图 6.9 "好大夫在线"首页

6.2 合理膳食

【案例 6.2】

俗话说：早餐要吃好，午餐要吃饱，晚餐要吃少。但在生活中，我们常常会该吃的时候饿肚子，不该吃的时候吃太多。比如，早餐随便吃甚至不吃，中午用外卖、快餐、盒饭解决，晚上聚餐大鱼大肉，有时还有宵夜……显而易见，这样很容易诱发消化系统疾病，导致肥胖以及多种慢性病。

数据显示：2002~2012 年的 10 年间，国人蔬果摄入量仍然较低，不符合《中国居民膳食指南》的建议摄入量，导致国人微量营养素，包括维生素、矿物质和植物性化合物缺乏的情况依然严重。那么有什么值得借鉴的健康饮食指南呢？

【方法】以"健康饮食餐盘"为依据。

"健康饮食餐盘"由哈佛公共卫生学院的营养专家和《哈佛健康杂志》（*Harvard Health Publications*）共同编制，是规划健康平衡膳食（无论是用餐盘还是餐盒盛装）的指南，如图 6.10 所示，可以成为规划健康平衡膳食的蓝图。"健康饮食餐盘"呈现出各种食物在健康均衡饮食中的比例。喝足够多的水,吃健康的油及蔬菜,水果的颜色越多越好,并且要吃各种糙米和全麦面包,减少细粮的摄入,丰富鱼肉和家禽,避免吃腌制的食物等。

图 6.10　健康饮食餐盘

对于不注重饮食的年轻人来说,如何利用"健康饮食餐盘"规划好自己的一日三餐,尽可能减少聚餐外卖呢?不妨自己动手,尽可能自己解决三餐的问题。我们可以用百度经验和"下厨房"两个平台,学习制作美食。

百度经验是互联网上的实用生活指南。在这里,可以找到许多经过实践检验的办法来解决现实中遇到的问题,如做饭等,为因做饭头疼的新手们提供了宝贵经验,也可以将自己的经验贡献出来让更多人受益,如图 6.11 所示。

"下厨房"丰富的美食菜谱适合年轻人,倡导在家烹饪、健康的生活方式,提供实用的菜品做法与饮食知识,提供给厨师和美食爱好者一个记录、分享的平台。菜式、风格、按早晚餐分类,各种做饭方式都有,如图 6.12 所示。

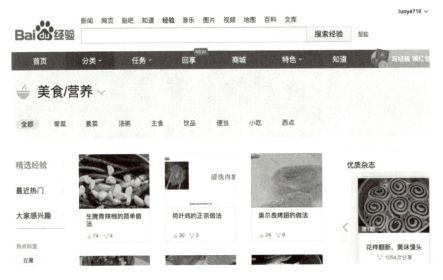

图 6.11　百度经验

图 6.12　"下厨房"网站首页

6.3　购物比价

【案例 6.3】

随着经济不断发展，消费领域也在发生巨大变化，百姓的购物体验越来越舒适，消费越来越轻松。不用出门逛街，网上应有尽有，而且 24 小时不打烊随时可下单。购物方便了，商品性价比的问题也突显出来了。那么如何进行比较，选择适合自己的商品呢？

【方法】选择购物导购网。

网购如今成为人们必不可少的一种生活方式，因为网购的好处实在是太多了，比如可以了解大量我们想要的信息，足不出户就可以买到想要的东西，支付方式也更为方便。2019 年“双十一”的成交额足以证明网购在人们生活中的重要地位，如图 6. 13 所示。

新闻频道 > 中国新闻

刷新纪录！63分钟突破1000亿 天猫“双十一”成交额再创新高

来源：央视网 | 2019年11月11日 14:33

央视网消息：2019“双十一”已经开启了，今天（11日），也就是11日零点刚过不久，1分36秒，天猫“双十一”的成交额突破100亿元。在1个小时03分钟的时候，就突破了1000亿，继续刷新纪录。

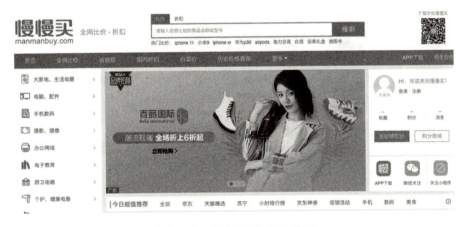

图 6. 13　央视关于“双十一”的新闻

“慢慢买”是一个专业的导购、比价网站，汇集了所有主流网上商城的报价、活动促销、历史价格走势等信息，倡导理性消费，以让用户买到高性价比的商品为宗旨，如图 6. 14 所示。

图 6. 14　“慢慢买”网站首页

网易有道旗下购物比价工具“惠惠”购物助手，全网比价，提供超值海外商品一键购买服务，轻松海淘，汇集淘宝、天猫、京东、亚马逊等国内外电商网站值得买的商品，如图 6. 15 所示。

图 6.15 "惠惠"购物助手首页

"万维家电网"是家电产品的导购资讯网站。以鲜明的定位、专业到位的服务成为个人及企业用户获取家电产品信息的购物助物,以排行榜、商品对比、商品评测等形式为用户选择家电提供参考依据,如图 6.16 所示。

图 6.16 "万维家电网"首页

"萌购"是一个以二次元购物为主的全日系商品代购网站,各种游戏动漫周边、偶像商品一应俱全,旗下"萌购任你购"支持千余家日系网站代购,实现真正的一站式购物新体验,如图 6.17 所示。

第 6 章　幸福生活学搜索，便捷生活即神仙

图 6.17　"萌购"网站首页

"维他命"一个很酷的时尚购物 APP，如图 6.18 所示。

图 6.18　"维他命"APP

6.4 休闲旅游

【案例6.4】

在"马蜂窝"旅游网发布的《旅游账单2.0：全球旅游消费报告2019》（以下简称《报告》）中，中国主流旅游人群的消费金额、方式与观念已与第一代旅行者截然不同——旅游成为人们生活的一部分，甚至是开支最大的部分，一年出游4次、一次花费上万已是平均水平；更重要的是，他们逐渐找到了精打细算与品质享受之间的平衡，成为更聪明的消费者。

如果省钱和花钱是一个天平的两端，那么在过去20年间，中国的旅游消费者曾在两个极端之间游走，要么不敢花，要么盲目花。今天，人们找到了消费的平衡。当移动互联网时代和大众旅游时代同时到来，越来越多人知道该如何花得更精、花得更好。那么如何高效规划好我们的旅游计划呢？

【方法1】选择旅游相关APP

特价旅游信息

E旅行：出境游特价交流平台，包含机票、酒店、保险签证和其他一些二手交易的交流社区，还包含很多特卖产品。

自由行产品

（1）携程：自营产品，相对更可靠些，后续寻求服务更方便。

（2）穷游：自由行产品都是其旗下旅行社"最世界"运营的，穷游只负责展示，由旅行社提供服务。

（3）马蜂窝：产品由入驻的旅行社提供，类似于淘宝天猫，马蜂窝是第三方平台。

酒店

携程：自营产品，相对更可靠些，后续寻求服务更方便。

国际机票

（1）天巡：一个机票航班搜索引擎，英文名称为 Skyscanner，为客户提供基于价格和地点的机票搜索比价服务。

（2）航空官网：如东方航空、中国国航、春秋航空等。

航班动态

航旅纵横：为了更好地跟踪航班动态，比如航班是不是晚点、在哪里登机、哪里领行李，可以使用航班跟踪工具。

行程管理

行程助手 APP：穷游出品，初始制订每日行程清单，日程中各个地点的距离有标注，可以拖动调整顺序；工具里可以管理花费和物品清单，还有天气预报、行程地图等，很实用。

【方法2】参照论坛攻略，制订合适的旅行计划。

参考游记攻略，制订合适的旅行计划有助于提升旅途的效率和意义。当你在路上时，做过功课和没做过功课的差别就体现出来了。同样的时间、同样的地区，你能看到更多风景，走得更悠闲。游记攻略可以从相关旅行论坛上寻找。

"8264"是中国高端专业旅游网及驴友户外论坛，包含户外品牌介绍、户外装备测评、户外路线游记等板块。在"8264"户外论坛"游记"板块中积累了丰富的游记，供我们在制订旅游计划时参考。

【课后提升】

1. 通过健康医疗这个板块，我们学习了如何选择医院和医生，那么如何挂号呢？网络和电话挂号平台的可信度在各个地区不统一，请同学们通过搜索，寻找自己所住地区可信度较高的挂号系统并推荐给家人、朋友。

2. 旅游成为现代人生活的一个重要部分。规划一个适合自己的旅游行程能给旅途减少不必要的麻烦，还能省下一笔不小的花销。请同学们参考休闲旅游板块推荐的工具，规划一个与家人一起的旅游行程。

第 7 章

初入职场搜索助,
犹如鱼之有水也

信息素养——吾将上下而求索

【学习目标】

1. 能够综合运用各种搜索语法进行信息的查找。
2. 能够对目标任务进行分解。
3. 熟悉各类网站的功能，并能够进行熟练操作。

作为职场新人，你会面临各种各样在学校里没有遇到过的工作场景，你准备好了吗？在这一章里，我们学习通过信息技术手段面对和处理工作中可能遇到的困难。

7.1 报告老板

工作中，我们会面临各种报告的写作，比如月度分析报告、年终总结报告、市场调研报告等。写一份好的报告，有可能获得领导的赏识。面对各种形式的报告，我们有什么方法呢？

【案例 7.1】

小王是一位汽车营销与服务专业的职场新人，上级让他写一份本品牌市场调研报告的初稿。小王一筹莫展，生怕辜负了领导的期望。作为小王的同班同学和好朋友，你准备如何帮助他呢？

【方法】

步骤1，整体思路分析。

新人写报告，要保证结构完整；要解决数据搜索的问题，用客观数据说话；要有自己的思路，体现出一定的思考深度。因此，可以借鉴本行业的巨头或者咨询公司往年报告的思路和模板。

步骤2，报告模板搜寻。

网盘是目前非常流行的在线文件共享方式，很多人会把自己搜集的软件、游戏、资料、视频、动漫、电影、音乐、电子书等放在网盘上。

这些由千千万万网民上传的内容组成了一个非常巨大的资源库，并且优秀资源越来越多，特别是一些论坛、博客推荐的资源，大多保存在网盘中。但是网盘服务网站通常不提供检索功能，通用的网络搜索引擎谷歌、百度也没有对网盘资源进行专门的索引，检索效果不理想，往往出现信息繁杂、良莠不齐、陈旧过时等问题。为此，专门针对网盘进行搜索的工具应运而生。

用户要从网盘找到某个文件一般有四种途径。

（1）有该文件的提取码（每一个上传成功的文件都有一个唯一的提取码）或具体链接地址，缺点是在文件上传者没有公布该提取码或链接地址的情况下，他人不可能通过此途径找到该文件。

（2）直接通过搜索引擎搜索，缺点是需要采用关键词匹配、"site："限制检索等较专业的搜索方法，用起来有点麻烦，检索效果不理想，并且不是每个人都知道这些方法。

（3）通过资源分享论坛查找资源（如百度云网盘论坛、360云盘论坛等），缺点是一次只能在一个论坛中查找资源，往往不能保证找到有效的资源。

（4）通过专用网盘搜索引擎查找，可解决上述三种途径的缺点，其特点是方便快捷，一次可以搜索多个网盘，有丰富的功能选项，大大节约了用户查找特定文件的时间。

网盘搜索引擎的类型非常多，但实现原理大体有两种：是爬虫程序爬取数据供搜索，二是调用谷歌、百度等三方接口供搜索。第一种自定义爬虫程序类网盘搜索引擎的优点是搜索速度快、资源较新，缺点是死链多、资源少。第二种谷歌自定义搜索类网盘搜索引擎的优点是死链少、资源多，缺点是用起来略卡、新资源少。认清楚技术差别才能帮助你更高效地挖掘出信息"宝藏"。

"去转盘"属于第一种，支持百度网盘、360网盘、电驴、旋风等主流下载方式，界面方块化，简洁有力，提供用户分享功能，如图7.1所示。该引擎的数据是通过爬虫程序爬取网盘，然后将数据存储到数据库中，索引后供用户搜索。此类搜索引擎还有"胖次网盘""盘找找""网盘007"等。

图 7.1 "去转盘"搜索界面

"西林街"属于第二种，界面清新，专注于网盘（百度网盘）、影视（新老电影、纪录片、动漫）、图书（文学、古籍、专业书籍、电子书）、学术（各种期刊、论文、学报等）和 MOOC（在线课程、学习、视频教程）等资源的检索，如图 7.2 所示。该引擎的技术比较简单，原理是展示网站先去谷歌申请搜索引擎接口，当用户将搜索内容提交给展示网站后，展示网站又将搜索内容提交给谷歌引擎，谷歌引擎搜索之后把数据返回给展示网站。因为要调用谷歌接口，受制于谷歌，所以通过谷歌自定义搜索出来的资源有效性差（随着百度云的升级，谷歌不能有效地去除失效链接），同时搜索速度下降，影响用户体验。"网盘搜""盘搜""盘搜搜""百度云之家"等绝大多数网盘搜索引擎都属于此类。在本例中，选用"盘搜"来解决问题。

在"盘搜"上搜索汽车市场调研报告，如图 7.3 所示，查询结果如图 7.4 所示，可以判断最为接近和有效的搜索答案为"电动汽车及动力电池市场调研报告"。单击此链接，进行预览，如图 7.5 所示，看看报告怎么写，包括结构和框架、形式和工作量等；看报告的大纲和素材，可以迅速知道报告需要哪些材料、如何进行准备。可以根据需要决定是否进一步下载。

图 7.2　"西林街"搜索界面

图 7.3　"盘搜"搜索界面

信息素养——吾将上下而求索

图7.4　在"盘搜"搜索汽车市场调研报告的查询结果

图7.5　电动汽车及动力电池市场调研报告

第7章 初入职场搜索助，犹如鱼之有水也

步骤3，权威资料参考。

在自己的文档里搭建好初步的框架之后，接下来找权威的资料作为参考素材。如果要找可靠的、准确的信息，可以去国家官方网站上找，比如国务院发展研究中心的官网，如图7.6所示，提供了宏观经济、金融数据等全面的资源信息。国务院的资料视角非常高，信息也非常广，质量过硬，数据真实可靠。

图7.6 国务院发展研究中心官网首页

在国务院发展研究中心官网中找到"研究报告"栏目，如图7.7所示。在搜索框中关键词"汽车"，可以找到最新的市场报告、行业动态等信息，这些素材绝对可信。

图7.7 国务院发展研究中心网站的"研究报告"栏目

还有淘宝，低价就能买到很多资料，节省搜索和整理的时间，也是很不错的一个选择，如图7.8所示。图7.9和图7.10为产品链接展示。

图7.8　在淘宝搜索市场调研报告的结果

图7.9　产品链接展示——汽车行业

第 7 章 初入职场搜索助，犹如鱼之有水也

图 7.10　产品链接展示——新能源汽车行业

淘宝上搜不到合适的，可以在知乎上搜一下专业人士的意见，这里通常会得到非常详尽的建议和解决方案，用"关键词 + site：zhihu.com"的方式，可以直接搜索到各式各样的报告链接，如图 7.11 所示。图 7.12 为其中 1 个链接结果。

图 7.11　搜索知乎上的专业意见

图7.12 链接结果

进一步联想，要写市场报告，咨询公司是专门提供报告和方案的公司，如图7.13所示。在知名的咨询公司可查到很多公开的信息作为参考，图7.14为智恺咨询公司官方网站提供的成功案例。

图7.13 智恺咨询公司官方网站主页

第 7 章　初入职场搜索助，犹如鱼之有水也

图 7.14　智恺咨询公司网站的"成功案例"栏目

步骤 4，查找官方最新数据。

找到素材后就可以开始写报告，这时会遇到一个最关键的问题——如何查找市场容量和销售额这样的数据？

答案还是去官网找——中国经济信息网，如图 7.15 所示，包括各种统计数据、企业产品、行业趋势、产业数据。打开中国经济信息网，在搜索区域直接搜索"汽车"，结果如图 7.16 所示。根据结果查找，可以搜索到包括产量、销量、进出口量等汽车行业信息，内容准确、干净、高效，而且是政府的官方数据，可以直接引用，图 7.17 为其中一篇报告的数据。

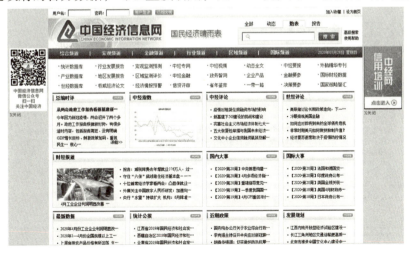

图 7.15　中国经济信息网首页

· 123 ·

另外，要获得权威数据，首选国家统计局官网，如图7.18所示。这是最全的数据库，而且数据可生成各种不同的形式，专业度高。还有各地政府的统计网站、政府机构，甚至国际组织、国外政府的数据网站等链接，如图7.19所示，如北京市统计局网站如图7.20所示，前面提到的国务院发展研究中心和中国经济信息网都可以找到链接。

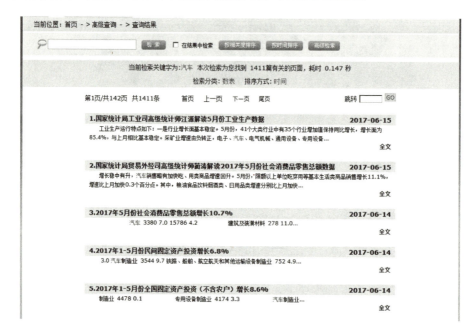

图 7.16　在中国经济信息网搜索汽车的结果

图 7.17　报告数据

图 7.18　国家统计局官网

图 7.19　国家统计局"网站链接"栏目

图 7.20　北京市统计局网站

7.2　技能知识

作为生活在大数据时代的我们,该如何运用大数据的信息来助力我们的工作?运用大数据有哪些小技巧呢?

【案例7.2】

小燕作为一名新媒体的工作者，每天最头疼的事情就是给文章取标题。比如文章已经写好了，"旅行"和"旅游"两个词，标题到底该用哪个词呢？搜索能解决这个问题吗？

【方法】

步骤1，整体思路分析。

新媒体工作者主要是在各大平台上发布文章，比如说微信和微博。

近几年，随着移动互联网的崛起和智能手机的普及，大家获取信息以及交流的方式发生了很大的变化。智能手机已经成为人们日常生活的必需品，越来越多的人变成了"低头族"，在大街上、地铁上、公交车上，人们无时无刻不在玩手机，玩游戏、看韩剧、刷微博和微信已经成为人们的一种习惯。

微博和微信已经渗透到我们生活的方方面面，尤其是微信，已经成为生活中不可或缺的一部分。确实，微博和微信这两个产品占据了我们目前生活中大量的碎片化时间，而且微博和微信中也积累了大量的资源和信息。每个大平台都有自己的大数据监测平台，如微博的微指数、微信的微信指数，如图7.21和图7.22所示。不知道用哪个词，就让用户行为沉淀下来的大数据告诉你好了。

步骤2，微博搜索。

微博，采用不超过140个字符发布文本消息的方式，页面就是短小的博客，用户可以选择转载他人的微博，也可以对任何微博发表评论。这些对所有用户都是开放的，用户可以通过电脑端和手机客户端发布微博。在我国，从2007年第一家微博网站"饭否"出现，到2009年8月新浪微博兴起，微博网站如雨后春笋般出现，腾讯微博、搜狐微博、网易微博、凤凰微博、嘀咕、新华微博、人民微博等相继出现，标志着微博热潮的到来。但到了2014年，腾讯放弃了微博。2014年3月，新浪微博更名为微博，同年4月，新浪微博成功上市，成为至今保持着旺盛生命力的唯一微博网站。

微博是大数据时代最有影响力的社交媒体平台之一，汇聚了大量第一时间发布和传播的信息，同时也积累了数以千亿计的历史数据，微博搜索是微博用户信息消费的一个重要途径。热点新闻事件的第一时间发布和舆论发酵都来自微博搜索，它的影响力日渐扩大，给百度、谷歌、搜狗、360等传统的搜索引擎带来了前所未有的挑战。

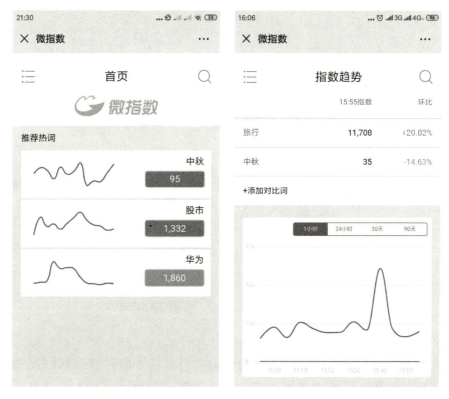

图 7.21　微博的微指数界面　　　　图 7.22　微信的微信指数界面

在微博的微指数上面搜索"旅行"和"旅游"两个词，可以得出结论，如图 7.23 所示。在微博中，"旅游"的热度一直高于"旅行"，验证了在微博的用户群体中，大家更喜欢文艺一点的"旅游"。所以，在不影响文章内容的情况下，应当使用"旅游"，文章的阅读量会更多。

步骤 3，微信搜索。

微信是腾讯公司于 2011 年推出的一个为智能终端提供即时通信服务的免费应用程序。微信支持跨通信运营商、跨操作系统平台发送免费（需消耗少量网络流量）语音、视频、图片和文字消息，同时，也可以使用共享流媒体内容的资料和基于位置的社交插件"摇一摇""朋友圈"

图7.23 "旅行"和"旅游"的微博微指数对比

"公众平台"等。

微信主要有哪些功能？现在的微信主要是基于即时通信和好友关系设计的。它的主要功能是微信聊天、微信朋友圈和微信公众号。微信聊天，可以形成一对一的聊天和多对多的聊天（群聊）。目前，用微信聊天时可以发布图片、语音、语音识别、大众点评、地图等一系列信息。微信最为火爆的朋友圈，则是基于好友相对封闭的空间，用户通过编辑文字配图片或者纯文字的形式发布自己喜欢的内容，好友可以使用"点赞"和"评论"两个基本功能。与微博不同，微信更多的是好友之间的信息分享，和微博的好友圈相比较封闭。

微信公众号分为微信订阅号和微信服务号，可以实现企业和个人做新闻传播、营销、信息传递等多个功能。微信订阅号每天都可以推送，微信服务号则是一个月可以推送4次。

2014年起，微信的主界面就有了搜索功能，现在的搜索功能逐渐强大。微信用户黏度很高，已经有不少用户在使用搜索服务时直接在微信上操作，取代使用百度等搜索引擎。所以，非常有必要学习微信的搜索方法。目前，微信搜索的方式主要有手机微信客户端的搜索和搜狗开发的微信搜索两种。

打开微信，搜索"微信指数"小程序，打开之后搜索"旅行"和"旅游"两个词，如图7.24所示，可以得出相反的结论，在微信当中，"旅行"这个词的热度要整体高于"旅游"，验证了在微信的用户群体中，大家更喜欢直白一点的"旅行"。所以，如果文章是发布在公众号上面，那么标题用"旅游"就会比"旅行"更可能引起读者的关注。

图 7.24 "旅行"和"旅游"的微信指数对比

【案例7.3】

小刘作为一名程序员，每天最头疼的事情就是开发编写各种代码，那么搜索技能能不能帮到他呢？

【方法1】http://www.codefordge.cn。

在这个网站，从 JAVA、C++、Matlab、PHP 到 Android、源代码、开源程序、程序员交流，应有尽有。站内可搜索关键词，支持中文，可直接下载，如图 7.25 所示。

图 7.25　codeFordge 网站主页

【方法2】https://www.githubs.cn。

GitHub 中文社区汇集了超过两千万的程序员，在这里可以一起工作、探讨代码、管理项目；站内可以搜索代码，也可以搜索其他资源，如图 7.26 所示。

图 7.26　GitHub 中文社区网站主页

【方法3】http://www.codesoso.net/default.aspx。

源码搜索可以在几十万的源代码中搜索，支持中文和英文搜索。以"数据挖掘"为关键词搜索，也出现了很多代码，适合刚学习编程或者开始学习新的语言的程序员，如图7.27所示。

图7.27 源码搜索主页

【方法4】https://www.oschina.net。

开源中国社区是提供技术、学习、开发的程序员社区，也有职业发展的各种互动，如图7.28所示。

图7.28 开源中国社区网站

7.3 出差出行

中国作为全球发展最快的国家之一,交通的便捷性和快速性被国人称道,飞机、高铁、自驾等方式被普通老百姓接受并喜爱。如何选择出行方式,显然变成了一门学问。

【案例7.4】

最近作为职场新人的小王要去外地出差,而且是独自一个人到陌生城市,小王对行程比较担心,打算制订行程计划,你能跟他说说,哪些搜索技能能帮助到他吗?

【方法1】https://www.ctrip.com。

携程网是出行最为便捷的网站之一,可以搜到机票、酒店、门票等信息,如图7.29所示,其中的搜索结果如图7.30所示。如果突然接到出差任务,直接打开即可。可以在微信小程序或者手机软件中搜索,便捷、高效,还有团队助手可以帮助同事一起订票。培养移动端的搜索技能越来越重要,未来会有越来越多的数据和信息在移动端出现。

图7.29 携程网官网

第7章 初入职场搜索助,犹如鱼之有水也

图 7.30 在携程网官网以"武汉"为关键词搜索的结果

【方法2】https://2.taobao.com。

"闲鱼"上有很多代理,价格也非常公道,外出旅行、出差也可以适当考虑,如图 7.31 所示。

图 7.31 "闲鱼"官网

【方法3】https://www.12306.cn。

在中国铁路 12306 官方网站可以买火车票、动车票和高铁票,大家都知道。其实它还有非常强大的火车准晚点查询功能,以及特产、行李打包、车站指引等服务,方便出差出行,如图 7.32 所示,搜索结果如图 7.33 所示。

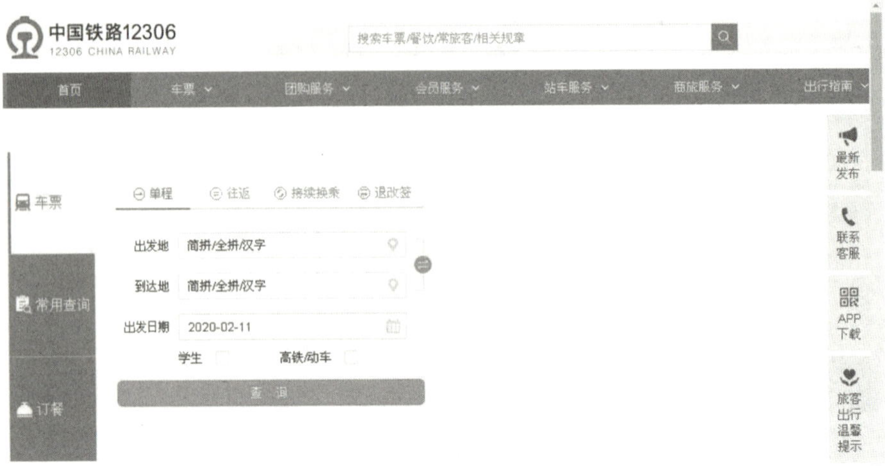

图 7.32 中国铁路 12306 官网

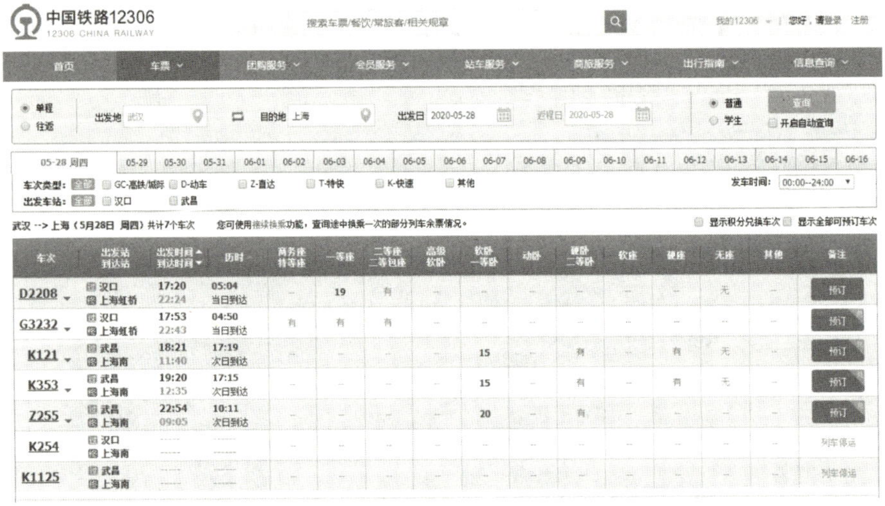

图 7.33 在 12306 官网搜索武汉到上海的结果

【方法 4】http://www.variflight.com。

出差出行,坐飞机最担心的就是航班延误,会打乱整个行程的安排。此时,通过"飞常准"来查询航班的实时情况,能够看到航班的延误信息,查好航班的实时动态,全面跟踪航班信息,如图 7.34 所示。

【方法 5】https://www.flightradar24.com。

Flightradar 24 是一款能够向全球用户提供航班实时信息的应用,覆盖全球航线;有手机端的应用,提供的数据非常全面,能够直观地看到

第 7 章 初入职场搜索助，犹如鱼之有水也

图 7.34 "飞常准"官网

飞机的位置、飞行高度、是否准点等信息，甚至包括飞行的历史记录数据和驾驶员模拟模式，可以获得模拟飞行的身临其境的体验感，如图7.35 所示。

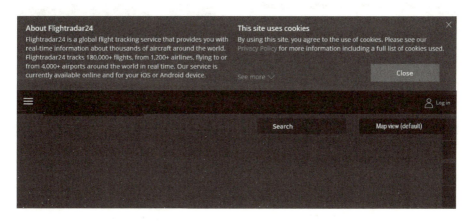

图 7.35 Flightradar 24 官网

【方法 6】https://www.booking.com。

缤客网推荐国际出行使用，它经常会有很划算的酒店折扣，如图7.36 所示。

【方法 7】https://www.airbnb.cn。

爱彼迎是一家联系旅游人士和家有空房出租的房主的服务型网站，它可以为用户提供多样的住宿信息。想要获得不一样的酒店体验，可以在爱彼迎上挑选全球各地的民宿，直接体验当地的风情和生活，如图

7.37所示。

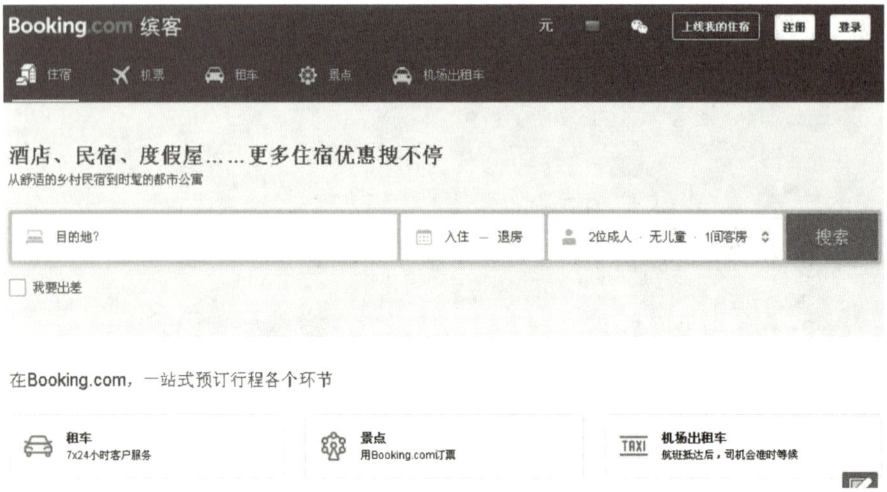

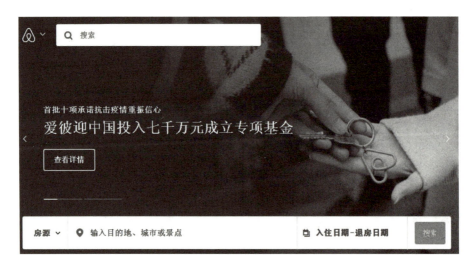

图7.36　缤客官网

图7.37　爱彼迎官网

【方法8】https://www.tripadvisor.cn。

猫途鹰主要提供来自全球旅行者的点评和建议，覆盖全球的酒店、景点、餐厅、航空公司，并提供旅行规划和酒店、景点、餐厅预订功能，可以为出行提供各种美食、门票、景点信息和攻略，推荐经典路线，非常好用，如图7.38所示。

图 7.38　猫途鹰官网

7.4　信誉标准

【案例 7.5】

作为一名毕业不久的大学生，小李在家人的支持下准备自主创业，加盟一家连锁的奶茶店。由于小李毕业不久，对奶茶行业不熟悉，准备加盟的也是一个全新的连锁品牌。因此，小李担心这家公司的真实性以及它的信誉，怕自己被骗。我们可以通过搜索技能帮到他吗？

【方法1】https://www.tianyancha.com。

商业安全网站天眼查是由柳超博士领衔开发的商业安全工具，是行业内第一家获得央行企业征信备案的机构，被誉为"普惠型浅度尽调工具"，可以查到企业信息、老板信息，还可以查企业间的相互关系，如图7.39所示。例如，搜索阿里巴巴可以看到企业法人、注册资本以及联系电话等。

【方法2】https://www.qichacha.com。

图7.39 天眼查官网

企查查是一款企业信息查询工具，立足于企业征信的相关信息整合，经过深度学习、特征抽取和使用图构建技术，为用户提供全面、可靠、透明的数据信息。

企查查终端所有企业的工商信息均实时同步更新，汇集了目前国内市场中的80个产业链，8 000个行业，6 000个市场以及8 000多万家企业数据，市场用户占有率稳居全国第一位。通过企查查，用户能够实时查询与企业相关的工商登记信息、年报、股东信息、投资人信息、涉诉、失信、拥有商标、知识产权、企业证书、主要人员信息、变更记录信息等，如图7.40所示。

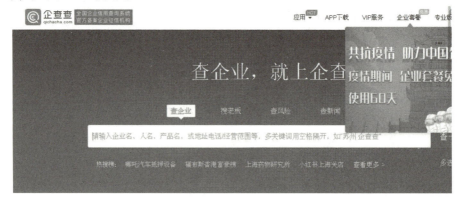

图7.40 企查查官网

【方法3】http://zxgk.court.gov.cn。

在中国执行信息公开网,可以直接查询政府公开的失信被执行人等相关信息,如图7.41所示。

图7.41 中国执行信息公开网

【方法4】http://www.tingshen.court.gov.cn。

在中国庭审公开网上可以查询所有庭审记录信息,避免与有不法背景的公司合作,如图7.42所示。

图7.42 中国庭审公开网

【方法5】http://www.csres.com。

工作和日常生活中离不开各种标准的查询，工标网可以让你更了解产品和规则。工标网全称为工业标准咨询网，致力于为用户提供简单、准确、专业的智能标准检索系统，如图7.43所示。同时，致力于更加全面的标准库建设及行业间联盟协作关系的建立，使其成为目前国内最大、最全的标准化信息服务平台之一，也是目前国内在线咨询量最多的网站之一。如果遇到维权事件，这些官方标准都是非常有力的支持。

图7.43　工标网

【课外提升】

由于之前的市场调研报告做得好，小王深得老板赏识，老板决定让他继续写公司的年终报告，你能替小王完成这个任务吗？

第 8 章
投资省钱支妙招，财聚腰间我有道

【学习目标】

1. 能够通过搜索引擎，解决生活中的实际问题。
2. 对网络提供的信息，有足够的辨别能力。

理财正成为全社会关注的焦点之一，如何正确理财、怎么才能快速地获取各种理财的方法和途径，都是需要我们学习的。

8.1 父母买房

"买房"已经成为中国老百姓茶余饭后闲聊的话题之一，有房的需要买房，没房的更需要买房。如何能买到自己心仪的房子呢？下面我们来讨论。

【案例8.1】

最近你父母准备在市区购买一套房产，用于以后的生活和居住。考虑到你也是成年人了，能够了解到各种信息，希望你能给予适当的购房建议，并帮助出谋划策。

关于买房，大家可能不太了解，我们先来看看相关信息。

1. 认识买房

（1）房产价值：房产价值包括居住价值和公共福利、金融属性和投资价值。有一些郊区的大房子虽然居住价值很高，但是因为周边的学校、医院、地铁等公共福利都没有，它的整体价值自然会受影响。

（2）市场走势：当前和未来的市场走势也会影响短期内的房价，比如货币政策和供求关系等。

（3）成本利率：无论是刚需买房还是投资买房，成本利率都是一个需要考量的因素，例如机会成本和房贷利率，国家也会通过提高房产的机会成本和贷款利率去平稳房价。

2. 买房三要点

买房有三个要点：选地段、选小区、选房型。地段以商业核心地段为佳，小区以知名品牌为佳，户型选采光好的。通常，配套设施好、各方面条件都非常好的房子，价格都会非常贵，但这并不意味着我们就不可能买到质量优、价格合适的房子。

3. 买房三步骤

（1）确定购房目标和预算，查询好房贷利率、市场政策。

（2）通过手机 APP 等工具，划定几个购房区域，了解基本购房信息。

（3）锁定购房目标，多方搜集信息，综合考虑商圈、地段、小区之后锁定几个购房目标，通过业主论坛、帖子、实际考察等确定。

【方法1】链家 APP。

可以先下载一个链家的 APP。看到不错的房子，首先搞清楚这个房子的产权是小产权还是商品房、是商住房还是普通住房。通过房地产垂直网站可以深入挖掘更多信息，比如相关配套资源，可以通过链家的"地图查询"功能查到附近的医院、地铁、商圈等。除此以外，地段、小区、户型、开发商、物业、是否是商业中心、路网是否密集、有哪些商业的设施和地铁站等，都可以在 APP 上查到相关的信息，如图 8.1 所示。

图 8.1　链家网页版

购买学区房，是很多家庭的最大刚需。购买学区房、搜索学位的信息，最基本的一个步骤其实就是直接用链家通过"学校"进行搜索。虽然说平台上有各个学校对应的小区和招生简章，但是一定要通过查询当地政府官网进一步确认学区规划，如图8.2所示。

图 8.2　官方学区查询

【方法2】小区业主论坛或者业主群。

如果是买新小区，千万不要只听中介的讲解，可以逛逛本小区和邻近小区的业主论坛，通常会有很多人对比各个小区的优缺点，例如哪栋楼对面就是垃圾坑，哪栋楼旁边是高压线，哪几栋楼旁边有高速公路等。有的小区本身非常高端，但是周边都在旧改，或者是厂房，环境会比较复杂。通过业主论坛，甚至通过人脉搜索，搜到小区业主群，想办法加进去。如果是精装修交付的，那么使用的家电品牌是什么？是否存在漏水、遮挡、噪声等问题？这些都会在里面聊到，如图8.3所示。

【方法3】地图搜索。

在百度等综合搜索引擎上直接进行学校排名、学区的搜索，信息量

第 8 章　投资省钱支妙招，财聚腰间我有道

图 8.3　小区业主论坛搜索

大但通常较为陈旧，需要比较多的时间进行筛选、总结，并确认是否为最新信息，应慎用。可打开地图，锁定区域，如图 8.4 所示。

图 8.4　百度地图搜索

【方法4】家教论坛搜索。

可以看一些家教论坛，上面留言的是附近的家长，跟前面逛业主论坛是一个道理，看看真实的住户是怎么说的。

【方法5】政府信息搜索。

如果直接用搜索引擎去查房贷政策，很容易遇到贷款广告，如何避免？用一个搜索指令"inurl：gov"可以把搜索结果只限定在政府官网中，具体写法为"关键词（空格）inurl：gov"，如图8.5所示。比如，昆山市房产交易管理中心官网链接全面的住房信息，包括政府补贴、二手房买卖、公积金信息等。从中介可以了解概况，但具体信息应在官网查询核实，如图8.6所示。

图8.5　利用搜索指令"inurl：gov"搜索的结果

政府官网上对于房贷利率、额度、期限等有详细的介绍，还有各种优惠政策，比如政策性住房补差等。房贷申请的攻略一定要以政府官网为准，住房贷款不要相信不明中介的信息。

第 8 章 投资省钱支妙招，财聚腰间我有道

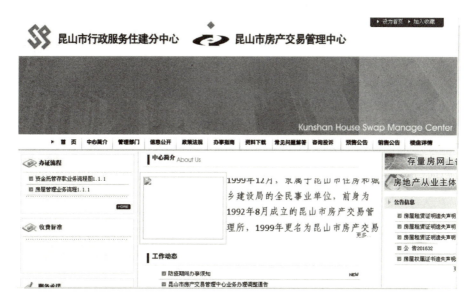

图 8.6 昆山市房产交易管理中心官网

8.2 投资理财

投资理财越来越受到普通老百姓的重视，但除了获得理想的收益以外，安全问题也是我们必须关注的焦点。如何安全地获得投资理财的渠道呢？

【案例 8.2】

投资理财如何选？有没有好的方法和途径？作为一名非专业的理财投资人员，首要考虑的是理财的安全性，避免买到不合规的产品，损失钱财。

【方法】了解理财渠道。

正规理财产品的渠道，最终还是要归属到金融体系里的四大类机构：银行、保险、信托、证券。其发行的产品都可以通过搜索官方信息查看其信誉，对于非官方的渠道，一定要慎之又慎。

1. 银行

银行发行的每款理财产品都需要在中国理财网（https://www.chinawealth.com.cn）登记，如图 8.7 所示，并且都有特定的防伪编码（通常是 C 开头的 14 位编码）。平时还可以通过商务部的公共商务信息服务平台——中国投资指南网站，如图 8.8 所示，来获取相关的法律法规、投资环境的信息。这类网站的网址中，一定包含"gov."的字段，表示是政府网站。

图 8.7　中国理财网

图 8.8　中国投资指南官网

2. 保险

如果想要查询保险产品，可以通过中国银行保险监督管理委员会网站查询，如图 8.9 所示。保险业通过中国银行保险监督管理委员会网站还可查询保险从业人员，以及各种各样保险专业机构和兼业代理机构。只有在监管委员会备案并可查询的，才是正规合法的产品。

第8章 投资省钱支妙招，财聚腰间我有道

图8.9 中国银行保险监督管理委员会官网

3．信托

信托主要是管理大笔资产，信托产品都会在中国信托业协会进行登记和备案。中国的信托机构全部可以在金融机构信息披露里进行备案查询，如图8.10所示。信托公司在官网公布的产品应该均为已备案产品。

图8.10 中国信托业协会官网

4．证券

中国证券监督管理委员会（简称"中国证监会"）统一监管全国的证券期货市场，维护市场的交易秩序。在中国证监会官网上可以查询到上市公司的各种信息，以及证券市场的股票、期货等备案情况，还可以搜到上市公司首次公开发行股票的招股说明书，如图8.11所示。

大家对证券的认识一般是股票，但是也有证券理财产品。券商的一些直投基金、资产支持专项计划以及期货的资产管理计划的备案信息，都可以通过中国证券投资基金业协会官网进行查询，如图8.12所示。

图 8.11　中国证监会官网

图 8.12　中国证券投资基金业协会官网

私募的基金具有一定门槛，同样需要在基金业协会登记备案。第一步，登录中国证券投资基金业协会官网；第二步，通过产品会示→"私募基金产品"查询相关产品备案信息，如图 8.13 所示。

图 8.13　私募基金公示查询

各种投资管理的企业同样可以通过全国企业信用公示系统来查询注册资本、信用记录、业务范围等备案信息。

8.3 自主创业

创业的过程是辛苦的,也是可能要失败的,我们如何尽可能保证创业的成功呢?

【案例8.3】

创业是很多年轻人的梦想,但创业也存在一定的风险,尤其对于毕业不久的大学生来说,经验缺乏,不知道如何开始。小信就是一个典型的大学生创业者,他有很多的困惑,你能帮帮他吗?

【方法1】中华人民共和国中央人民政府官网以及各级地方政府官网。

中华人民共和国中央人民政府门户网站(简称"中国政府网")由国务院办公厅主办,中国政府网运行中心负责运行和维护。中国政府网作为我国电子政务建设的重要组成部分,是政府面向社会的窗口,是公众与政府互动的渠道,对于促进政务公开、推进依法行政、接受公众监督、改进行政管理、全面履行政府职能具有重要意义,直接在页面的搜索界面输入关键词"创业"即可获得相关政策信息和新闻速递。

【方法2】各个等级的大学生创业网站。

例如,全国大学生创业服务网是由全国高等学校学生信息咨询与就业指导中心主办的,如图8.14所示,页面有相关政策信息和新闻速递,还有官方微信平台。

【方法3】向所在学校咨询。

几乎每个学校都设有就业创业指导中心和大学生创业孵化中心,大家有问题可以向所在学校有关部门咨询相关政策。

【案例8.4】

如果想开一个网店,进行成本较低的创业,如何进行?如何找到一

图 8.14　全国大学生创业服务网

个好的产品呢？

【方法1】阿里巴巴采购。

阿里巴巴作为一个全球采购平台，很多淘宝的产品在阿里巴巴都有卖，而且很多店家还提供一件代发的服务。海淘产品进口、国内产品出口，也都可以在阿里巴巴上进行，如图 8.15 所示。

图 8.15　阿里巴巴采购官网

【方法2】Maigoo 产品查询。

第8章 投资省钱支妙招，财聚腰间我有道

Maigoo 网站是一个一站式品牌和知识信息查询平台，可以查询到很多品牌信息、招商加盟信息，涵盖各个行业。产品种类一点都不比淘宝少，包括汽车、装修、零售、餐饮等，如图 8.16 所示。

另外，如果要自己注册商标，可以去中国商标网查询与申请，该网站提供完整的申请路径。

图 8.16　Maigoo 官方网站

【课外提升】

朋友找你投资加盟某儿童玩具品牌"欢乐童趣"，说这个牌子产品质量好，在江浙市场上认可度也高。你如何通过搜索来判断这个品牌是否可靠？（"欢乐童趣"是因课程需要虚拟的品牌名字，故市场上无搜索结果）

第 9 章
信息整理得心法，
一日看尽长安花

【学习目标】

1. 会对信息进行收纳、整理、应用。
2. 能一键整理，秒搜文件、软件等。

搜索给我们打开了更大的世界，我们主动和被动获取的信息有很多。想象一下，假如手机和电脑是我们住的房子或者宿舍，我们获取的信息资源是我们带回来的各种用品，如果不去收纳整理，我们想用一样东西的时候可能很难找到，有用的东西也被淹没在无用的物品中。

在信息的海洋里，我们要学会使信息发挥作用并为我所用，就需要对这些信息进行整理，如何整理并方便迅速找到就是本章要跟大家分享的内容。

9.1　信息整理与存储

我们搜索或者接收到了大量的信息，就必须对信息进行整理和存储。下面我们来看看如何进行信息整理。

【案例9.1】

小信经过了一段时间信息素养的熏陶，觉得自己已经是个信息人了，心中充满了无限的自豪。同时，他又在想另一个问题，信息多了，手机与电脑的存储空间是有限的，看来得学习一下整理了。

【方法1】电脑文件整理。

在整理信息之前，我们需要对信息进行一些处理。处理信息无须掌握多高深的技术，只需要简单按照步骤处理即可。以电脑存储的信息为例，具体可以分为三步。

第一步是分类保存。我们将信息存储在计算机时，可以分大类。通常情况下可以直接命名盘符，比如说 C 盘一般为系统盘，不存储信息；D 盘命名为学习资料；E 盘为工作资料；F 盘为娱乐游戏等。按照需要将不同的文件保存在不同的文件盘下。

第二步是删除垃圾。删除质量低的、过时的、无用的与不相关的信息。我们的学习不断在进步，不同时期对我们有用的信息都不相同，因此这不是一个一次性的工作，而是定期的工作。

可删除的文件包括：重复的文件、失效过时的文件、可留可不留的文件、网上能轻易下载到的文件。

第三步是转存分层。转存就是把接收到的文件命名为自己熟悉的日后便于查找的名字，例如容易记忆并能迅速找到的关键字。这是分层最关键的一步，这一步做好了对我们后面的信息提取与应用都很有帮助。因此我们专门来说一下分层管理文件。

例如，我们存储大学学习的资料，就可以简单地分为三个层次：课程资料、时期、课程名称，如图 9.1 所示。

图 9.1　文件分层管理结构

工作后，我们可以按照项目名称（编号）、项目阶段、项目文件的层次来分层。文件分层的过程中，一般注重以下原则。

（1）文件夹层次最好不要超过 3 层，层次太多找起来不方便。

（2）为文件夹编号，可以给文件夹自定义一个文件夹图标。

（3）常用的文件夹，文件夹的目录层级就应该上调。

（4）对于那些不能及时整理、不知道如何分类的文件，就新建一个待整理文件夹。

【方法 2】使用恰当的软件进行信息管理

软件一：扫描全能王。

功能：手机扫描仪、文档管理工具。手机拍文档，自动去除杂乱背景，生成高清 JPEG 图片或 PDF 文件，还可以发邮件、发微信、存到云端、上传网络如百度云等。图 9.2 为软件主页的介绍。

手机扫描仪，随时记录，轻松分享

"手机上最好的50个软件之一"——时代周刊

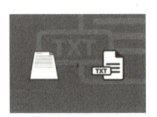

随时随地发送扫描件　　　自动锐化提亮，图片变PDF　　　打字到手酸的同学们必备

办公一族非常需要，外出时也能方便发扫描件给客户，还能不同设备间同步　　图片扫描生成PDF时自动锐化提亮，非常实用，导出方式也很多，还能云备份　　用OCR识别，图片的长篇文字瞬间变文本，打字打到手酸的同学们必备

图 9.2　扫描全能王介绍

在这里，我们主要介绍图上的第三个功能——OCR 识别功能。该功能对文本资料进行扫描，然后对图像文件进行分析处理，获取文字及版面信息，对于我们的学习、生活有很大帮助。

第一步，准备需要扫描的文件，质量较高的手写文档也可以，打开软件对准文件，如图 9.3 所示。

第二步，对文件进行拍照后，可以进行旋转和拉伸的处理，如图 9.4 所示。

图 9.3　第一步　　　图 9.4　第二步

第 9 章 信息整理得心法，一日看尽长安花

第三步，软件进行文字识别，图片越清晰，识别的准确率越高，如图 9.5 所示。

第四步，识别的文字结果可以导出为各种类型的文件，可以发送到常用的各类软件上，如图 9.6 所示。

图 9.5 第三步　　　图 9.6 第四步

当然这款软件还有其他很多功能，需要同学们自己去探索，比如我们有时需要提供身份证的扫描件，但是每个人提交的照片质量参差不齐，这个软件可以实现高质量的身份证扫描。

软件二：印象笔记。

"使用印象笔记，管理你的第二大脑"，这是该软件的广告词，你可以在多种设备和平台间无缝同步每天的见闻、思考与灵感，一站式完成信息的收集备份、永久保存和高效整理。图 9.7 为软件的官网，包含 Windows、MacOS、安卓、iOS 等各个系统的软件版本可供安装。

图 9.7 印象笔记软件官网

该软件深受学生喜爱,可以快速进入上课状态。

我们都知道,最有效的听课方式并不是把所有信息都一笔一画地记录下来。如何释放充足的空间给自己的大脑来思考和消化老师所讲的内容,同时又能记录下重点内容便成了问题的核心和关键。你可以用印象笔记拍下重要的课件板书、记录关键的文字、对整堂课进行录音……课后还能将老师的课件存进来。最棒的一点是,这些不同格式的内容都能保存在同一条笔记中。那么这个功能该如何使用呢?请下载APP跟着下面的步骤试试看。

(1)打开印象笔记APP,新建一条笔记。

(2)使用"笔记"工具栏中的"话筒"按钮,对课堂进行录音。

(3)随堂敲下课堂上的重点内容。

(4)将课堂板书拍照存到笔记中。

(5)将老师提供的课件保存到笔记中。

你还可以将其他与当前笔记内容相关的资料或文献添加在笔记中,方便集中查看和学习。印象软件功能教程如图9.8所示。软件也提供了其他相关功能的教程,希望大家在使用的过程中逐步学习与发掘,做好知识管理。

图9.8 印象软件功能教程

【案例 9.2】

报告、论文、文章快写完了,结果电脑死机,文件受损,欲哭无泪怎么办?如果有一天,你的电脑突然坏了,你最后悔没有备份什么文件?再买一台电脑做备份?U 盘?移动硬盘?信息时代的生存指南帮你解决这个问题。

【方法 1】将文件存入网络云盘。

软件一:百度网盘。

百度网盘(原百度云)是百度推出的一项云存储服务,首次注册即有机会获得 2TB 的空间,已覆盖主流电脑和手机操作系统,包含 Web 版、Windows 版、Mac 版、Android 版、iPhone 版和 WindowsPhone 版,用户可以轻松将自己的文件上传到网盘上,并可跨终端随时随地查看和分享。图 9.9 为百度网盘的 Windows 版。

图 9.9 百度网盘的 Windows 版

百度网盘个人版是百度面向个人用户的网盘存储服务,满足用户工作生活各类需求,已上线的产品包括网盘、个人主页、群组功能、通讯录、相册、人脸识别、文章、记事本、短信、手机找回。下面介绍几个常用功能。

(1)网盘。百度网盘提供多元化数据存储服务,支持最大 2TB 容量空间，用户可自由管理网盘存储文件。注册网盘即可免费使用 500GB 的空间，实名制后可以支持扩展到 2TB，超大容量完全能满足日常工作与生活的需求，而且各终端能够同步。

（2）个人主页。百度网盘提供个性化分享功能，用户可通过关注功能获得好友分享动态，实现文件共享。

（3）群组功能。百度网盘推出多人群组功能，既能够单纯点对点、更可以一对多、多对多地直接对话。

（4）相册。用户可以通过云相册来便利地存储、浏览、分享、管理自己的照片，用照片记录和分享生活中的美好。对于手机存储空间不足的朋友，这个功能很实用。

（5）通讯录备份。百度网盘手机 APP 功能，提供通讯录同步、短信备份功能。iPhone 用户可实现通讯录同步；安卓用户可同步通信录，备份恢复手机短信。

软件二：坚果云。

坚果云是一款便捷、安全的专业网盘产品，通过文件自动同步、共享、备份功能，为用户实现智能文件管理，提供高效的办公解决方案。

相比于百度网盘，坚果不仅仅是一个网盘，更是一个网络文件同步工具，可以结合本地文件夹同步使用，支持离线操作文档，同样支持多个平台使用。它的主要功能如下。

（1）全平台自动同步。将任何文件夹同步到"云端"、电脑、手机、iPad，保证随时访问最新文件。

（2）协同办公。可设置文件夹访问权限，文件发生任意修改均会被同步至所有设备，保证同时间版本一致。

（3）邮件/链接分享。只需单击鼠标，即可通过邮件/URL 链接共享文件、照片、视频。

（4）加密备份。同步文件夹中的文件会被自动加密并备份到云存储，即便电脑损坏，仍可从云存储找回。

（5）文件时光机。只需单击鼠标，即可恢复之前的文件版本；即使是数月前删除的文件，也可在回收站中找回。

第 9 章 信息整理得心法，一日看尽长安花

当然，它也不是没有缺点的，免费版每个月只有 1GB 上传流量和 3GB 下载流量，网盘空间理论上没有限制，但受限于上传和下载流量，想要更多的上传和下载流量的话，可以升级为付费的专业版或者高级专业版。

当然了，我们在存储网盘文件的时候，如果遵循前文的文件整理方法，就更能充分利用有用的空间了。

【方法 2】自建网络云盘。

自建网络云盘，顾名思义就是自己做一个云盘。首先我们要来了解 NAS。NAS（Network Attached Storage，网络附属存储）字面意思就是连接在网络上、具备资料存储功能的装置，因此也称为网络存储器。它是一种专用数据存储服务器，以数据为中心，将存储设备与服务器彻底分离，集中管理数据，从而释放带宽、提高性能、降低总拥有成本、保护投资。其成本远远低于使用服务器，而效率却远远高于后者。

有兴趣的同学可以利用我们之前的搜索技术研究如何自制一个 NAS。但是对大部分人来说，有现成的产品就更好了，这里就在购物网站看看，简单搜索网络存储，如图 9.10 所示。

图 9.10　在京东搜索"网络存储"的结果

通过京东搜索到多达 10 万种产品，有群晖、威联通、联想、海康威视等品牌。这里我们就介绍一个看来性价比不错的产品，海康威视闲小盘 H101，如图 9.11 所示。

闲小盘内置监控级硬盘，读取速度快，并且能够确保长时间不间断运作数据安全；硬盘容量达到 2TB，可以轻松备份影音内容、文档数据和大体积文件。NAS 除了支持本地内容轻松备份外，用户还能通过 APP 实现互联网远程数据备份和在线浏览、多用户加密共享数据等，在用户提前设置的情况下，闲小盘还支持将自身数据一键备份至百度网盘，方便在更大范围内共享，让内容读写不受空间限制。个人网盘、共享网盘快速切换身份，满足用户对文件存取的各种需求。具体的使用方法也很简单，插网线进行软件设置即可。

图 9.11　海康威视闲小盘 H101

9.2　信息快速检索

本节主要介绍信息检索的快捷方式。

第9章 信息整理得心法，一日看尽长安花

【案例9.3】

小信目前已经掌握了很多种资料存储方式，也可以存储得很规范。但是资料多了以后，他发现找资料往往需要很长时间，我们和他一起想想有没有办法能很快找到所需的资料。

【方法】1秒找出需要的文件。

通常，我们在计算机硬盘里搜索一个文件，直接搜索文件名或者关键字即可。比如我想在硬盘里找一个名字含有"123"的图片，在电脑搜索框输入"123"，在计算机存储文件不是太多的情况下，花了1秒左右，把含有"123"的文件全部搜索出来了，共217个文件，如图9.12所示。我们需要往下翻好多才能找到图片，这个效率显然很低。但如果我们知道图片的格式，比如JPG，在搜索时可以在搜索栏输入"123.jpg"，搜索出来的就是文件命中包含"123"的JPG文件，如图9.13所示。

这种利用Windows自带的搜索功能进行文件搜索的方法，利用一些语法就可以实现，但是功能会受限制，我们直接介绍一个很小却又很强大的免费硬盘搜索软件Everything，如图9.14所示。

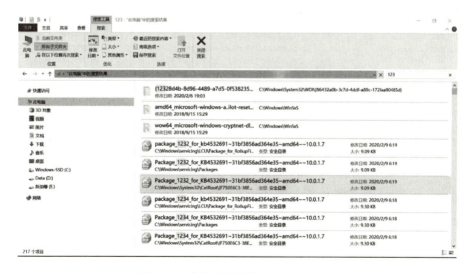

图9.12 在电脑中搜索"123"的结果

信息素养——吾将上下而求索

图 9.13　在电脑中搜索 "123.jpg" 的结果

图 9.14　Everything 软件界面

Everything 搜索文件资料的速度很快，使用过的朋友都深有体会，相对于 Windows 自带的搜索功能，使用 Everything 可以让我们享受如同使用搜索引擎一般在本地硬盘上搜索我们的文件信息。

初级搜索功能类似于 Windows 系统自带的搜索框。可以直接搜，输入关键字就能立马找到想要的文件，而且速度快到惊人。也可以使用简单语法，具体如下。

（1）搜索"abc"和"123"，可以输入"abc 123"，搜索出来的文件就是同时包含"abc"和"123"的文件。

（2）搜索两个搜索项中任意一个，在两项中加上｜，如搜索".jpg"或".bmp"文件，可以输入".jpg｜.bmp"（注意：｜前后有空格），出来的结果就是后缀为".jpg"或者".bmp"的文件。

（3）搜索时为排除某项，在其开头加上"！"。如果想搜索除了"abc"以外的内容，可以输入"！abc"。

（4）搜索关键词中使用通配符"＊"将会匹配任意数量的任意字符。例如，搜索以"e"开头并以"g"结尾的文件和文件夹时输入"e＊g"即可。

（5）搜索关键词中使用通配符？将会匹配任一字符。例如，搜索含有两个字符扩展名的文件时输入"＊.??"即可。

（6）搜索包含空格的关键词，需用双引号。例如，搜索关键词"foo＜space＞bar"。时输入"foo bar"即可。

（7）搜索文件类型，需在搜索框输入扩展名，例如，搜索 mp3 文件，输入 ＊.mp3 即可。

（8）搜索指定位置的文件和文件夹，需在搜索框中输入"＼"。例如，在"downloads"文件夹中搜索全部 mp3 文件，输入"downloads＼.mp3"即可。

（9）你也可以在搜索菜单中启用匹配路径并包含路径到搜索关键词中。例如，启用匹配路径并在"downloads"文件夹中搜索全部 avi 文件，"downloads.avi"即可。

初级搜索功能比较容易掌握，大家可以自己尝试。如果你遇到文件名记不太清楚只知道其中一部分内容或者不知道名称，只知道大概在哪个盘的情况，想找到这样的文件，你会怎么办？不用担心，学会高级语法，就能轻松解决这些问题。

那么如何学习以及快速查找应该用什么语法呢？在"帮助"菜单里单击"搜索语法（S）"（见图9.15）就可以显示搜索过程中用到的高级

语法,如图 9.16 所示。当然也可以翻阅官方的文档看看具体的意思,弄懂后,下次要用时就可以快速调出语法表,轻松写出自己想要的高级搜索条件。

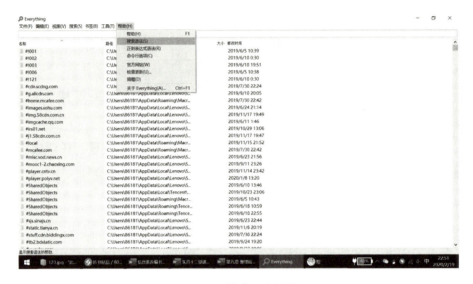

图 9.15　搜索语法位置

图 9.16　搜索语法帮助

我们用两个示例来说明。

示例 1,搜索计算机里大于 500KB 的图片。

只需在搜索框输入"pic:size:>500kb",就可以得到想要的搜索结果,如图 9.17 所示。也可以指定在哪个盘中搜索,例如在 D 盘中搜索同样的文件,可以在搜索框输入"D:\ pic:size:>500kb"即可。

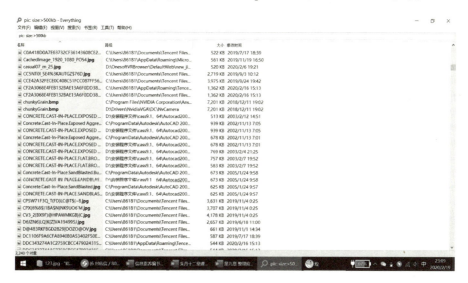

图 9.17 "pic:size:>500kb"的搜索结果

这里的 pic 是宏,就是筛选器,点击"搜索→管理筛选器",可以看到常见的搜索宏如下。

quot:双引号(″)。

apos:单引号(′)。

amp:与号(&)。

lt:小于(<)。

gt:大于(>)。

#<n>:十进制 Unicode 字符 <n>。

#x<n>:十六进制 Unicode 字符 <n>。

audio:搜索音频文件。

zip:搜索压缩文件。

doc:搜索文档文件。

exe:搜索可执行文件。

pic:搜索图片文件。

video:搜索视频文件。

单击图片,可以看到定义的常见的图片格式,如图9.18所示,这个筛选器是可以修改和新建的。

图9.18 新建宏

示例2,搜索最近3天修改过的Excel文件。

这个问题就需要用到函数了,在搜索语法里找到符合案例的函数"dm:<date>",搜索指定修改日期的文件和文件夹。

日期语法和日期常数如图9.19所示。

```
日期语法:
    year
    month/year 或者 year/month 取决于本地设置
    day/month/year, month/day/year 或者 year/month/day 取决于本地设置
    YYYY[-MM[-DD[Thh[:mm[:ss[.sss]]]]]]
    YYYYMM[DD[Thh[mm[ss[.sss]]]]]

日期常数:
    today
    yesterday
    tomorrow
    <last|past|prev|current|this|coming|next> <year|month|week>
    <last|past|prev|coming|next> <x> <years|months|weeks|days|hours|minutes|mins|seconds|secs>
    january|february|march|april|may|june|july|august|september|october|november|december
    jan|feb|mar|apr|may|jun|jul|aug|sep|oct|nov|dec
    sunday|monday|tuesday|wednesday|thursday|friday|saturday
    sun|mon|tue|wed|thu|fri|sat
    unknown
```

图9.19 日期语法和日期常数

因此,搜索的语法为"dm:last3days doc:"(doc:为前文所述的宏),搜索结果如图9.20所示。

第9章 信息整理得心法，一日看尽长安花

图9.20 "dm：last3days doc："的搜索结果

这时我们发现并不只是找到了 Excel 文件，而是找到了全部的文档，如果要快速找到 Excel 文件，需要去设置宏，设置如图 9.21 所示。设置完成后，修改语法为"dm：last3days excel："即可，如图 9.22 所示。

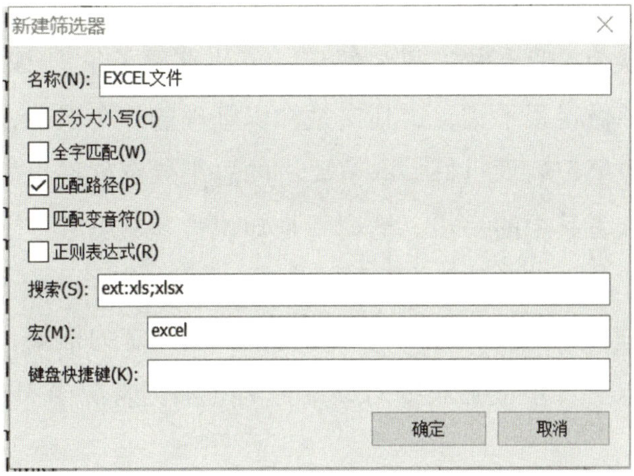

图9.21 设置宏

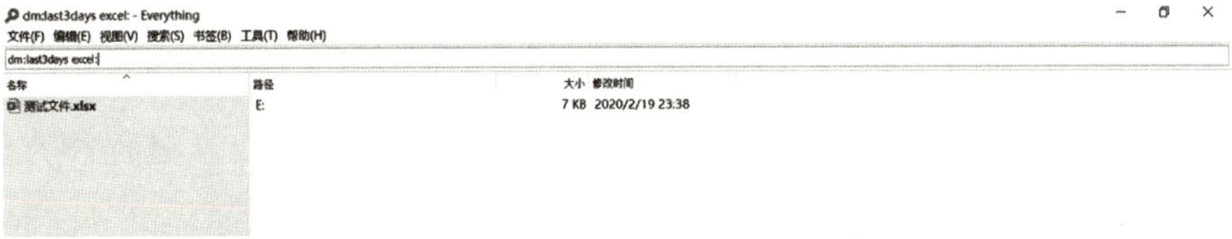

图9.22 "dm：last3days excel："的搜索结果

使用了这个搜索软件以后，搜索是不是方便多了呢？当然，类似的软件还有 Listary，大家都可以去尝试。

9.3 个人知识管理

【案例 9.4】

小信觉得自己比别人付出了更多的努力，却没有其他人考试分数高，因此感到很苦恼。大家在学习过程中是否也有这样的感觉？我们一起来分析分析吧。

【方法】知识管理的工具：思维导图。

如果你碰到了案例中的情况，那很可能是你不会进行知识管理。

在互联网上，从来都不缺高质量的内容，不缺少知识分享，想学什么内容都有，所以我们越来越依赖互联网。

有同学认为，我也做了很多笔记，也认真看了很多书并做了记录，知识管理应该做得很不错，这其实是知识管理的一个误区，包括我们前文所讲的印象笔记软件也好，本节要讲的思维导图软件也好，它们都只是一个工具或者其中的一步。笔记不是知识管理，思维导图也不是知识管理，他们只是表现形式。

知识管理，即把获取的知识系统化，形成一定的框架，具体可分为四个步骤，以王者荣耀游戏中的英雄为例（案例来源于 MindManager 官网）来分析。

第一步，建立知识框架。比如说对一个特定主题的知识，想玩好王者荣耀，首先要知道有哪些英雄及其相对应的职业，这就是框架，如图 9.23 所示。

第二步，收集有价值的信息。这一步就是之前讲的搜索过程和方法的应用，可以在网上搜索到攻略以及各个英雄的技能属性等。

例如刺客这个职位的英雄一般打野会比较多，因为刺客的特点就是

第 9 章 信息整理得心法，一日看尽长安花

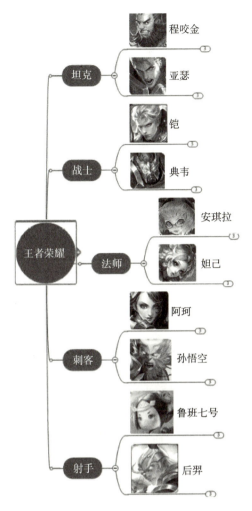

图 9-23 MindManager 制作英雄的思维导图

有一段或多段位移、灵活、爆发伤害高。开局不抢三路兵线，让给线上英雄发育，自己专门打野发育，一般刺客升级比较快。出场率高的是阿珂和孙悟空。

第三步，整理你的知识。这里我们仍然要用思维导图，仍然以刺客为例，我们将刺客的价格、英雄分析和推荐出装用思维导图整理出来，知识就一目了然了，如图 9.24 所示。

第四步，知识的消化及输出。就如前文所说，思维导图是一个工具，整理完成并不意味着知识就是你的，我们还需要实践。我相信，经过思维导图的分析与帮助，"青铜"变"王者"指日可待。

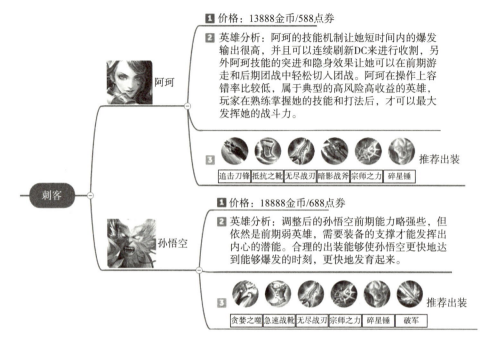

图 9–24　MindManager 制作刺客部分思维导图

下面我们介绍一些常见的思维导图软件，供大家参考选择使用。

1. MindManager

Mindjet MindManager 是一个创造、管理和交流思想的通用标准，其可视化的绘图软件有着直观、友好的用户界面和丰富的功能，这将帮助你有序地组织思维、资源和项目进程。

MindManager 也是一个易于使用的项目管理软件，能很好地提高项目组的工作效率和小组成员之间的协作性。作为一个组织资源和管理项目的方法，它可从脑图的核心分枝派生出各种关联的想法和信息。

2. Xmind

XMind 是一款易用性很强的软件。通过 XMind，可以随时开展头脑风暴，帮助人们快速理清思路。XMind 绘制的思维导图、鱼骨图、二维图、树形图、逻辑图、组织结构图等以结构化的方式来展示具体的内容，可以帮助人们在学习和工作中提高效率。人们在用 XMind 绘制图形的时候，可以保持头脑清晰，随时把握计划或任务的全局。XMind 的特点可用"国产而国际化发展、商业化而兼有开源版本、功能丰富且美观"来概括。

3. MindMaster

MindMaster 是一款国产跨平台思维导图软件，可同时在 Windows、Mac、网页端、手机端和 Linux 系统上使用。软件提供了布局智能、多样性的幻灯片展示模式、精美的设计元素、预置的主题样式、手绘效果思维导图、甘特图视图等功能。

4. 百度脑图

百度脑图是一款在线思维导图编辑器，除基本功能以外，支持 XMind、FreeMind 文件导入和导出，也能导出 PNG、SVG 图像文件；具备分享功能，编辑后可在线分享给其他人浏览。

5. ProcessOn

ProcessOn 是一个面向垂直专业领域的在线作图工具和内容分享平台，支持思维导图、流程图、组织结构图、时间轴、网络拓扑图、UML 图等的绘制；同时提供同事和客户之间的协同设计，实时创建和编辑文件，并可以实现更改的及时合并与同步，这意味着跨部门的流程梳理、优化和确认可以即刻完成。

ProcessOn 同时具有内容分享平台的属性，鼓励用户将自己有价值的知识绘制成图上传分享到模板板块进行传播。

思维导图软件还有很多，大家可以利用前文所学知识进行搜索获取更多的思维导图软件。

思维导图软件的使用并不复杂，我们以 MindManager 创建思维导图为例，按照以下七个步骤创建自己的思维导图项目。

第一步，新建一个思维导图。

①新建一个空白导图，或者从现有导图或者预设模板创建一个导图。

②从其他外部应用程序导入文件，如 Microsoft Word 文档、Microsoft Project 文件或者 MPX 文件。

第二步，添加导图主题。

①直接进入主题文本添加，或者可以使用头脑风暴工具。

②通过其他资源粘贴文本，或者从另一个导图导入内容。

③通过创建新的 Outlook 项目创建动态链接 Outlook 主题，或者通过发送 Outlook 项目到 MindManager 来添加已有项目，也可以通过在 MindManager 运行查询来进行。

④发送 Microsoft Project 或者 Microsoft Word 中的信息到导图。

⑤从 Microsoft Excel、Web 服务、SharePoint 网站或者本地文件及文件夹添加预设导图部件到信息，包含简单的文本主题或者动态链接主题。

⑥通过运行数据库查询来创建动态链接到数据库数据的主题。

第三步，添加其他信息。

①添加详细的主题备注、附件及链接到其他文本（包括其他导图、网页或者电子邮箱）。

②添加数据到电子表格或者自定义属性组。

③指定任务信息，如任务开始及结束时间、持续时间、资源等，或者使用任务和资源管理工具来优化效率。

第四步，添加可视化提示。

①添加特殊标记来对主题进行编码和分类。

②使用箭头展示主题之间的关系。

③使用分界线功能环绕主题组。

④使用图像说明导图。

第五步，格式化导图。

①选择一个导图主旨来确定整个导图的外观。

②更改单独主题及对象的外观。

③使用主题样式轻松再利用主题格式。

④为单独分支或者整个导图选择版面风格。

第六步，定稿。

①和同事一起审核导图。

②最终确认导图内容的拼写检查，检查导图中的链接及编辑导图属性。

③保存导图。

第七步，使用思维导图。

①将最终定稿的导图作为原始格式或者 Mindjet Viewer 文件格式发给项目、部门或者公司的其他成员。

②演示导图。

③打印导图。

④以其他格式导出导图，或者创建一组网页。

【案例9.5】

小信想组织一次班级团建活动，要先了解同学们对团建活动的需求和看法，需要进行调查。信息时代用纸质调查显然不可取，他很快找到了办法。

【方法】调查问卷制作。

小信找到的办法就是在指定的网站制作调查问卷。

通过搜索，常用的问卷调查制作网站主要有几种：问卷星、Qualtrics、腾讯调查、番茄表单等。在199it大数据网站搜索，也能搜到更多工具。

这里，我们就以问卷星为例，来说明问卷的用法。

首先打开问卷星网站，我们可以在首页单击"问卷调查模板"，搜索"学生团建"，选择合适的模板进行编辑即可，如图9.25所示。

图9.25　在问卷星搜索学生团建模板

如果模板里没有合适的，则需要自己创建和发布。

步骤一，单击"创建问卷"，选择创建的问卷类型，如图9.26所示。

图 9.26　创建问卷

步骤二，问卷星提供四种创建方式，默认为"创建空白问卷"，我们就以"创建空白问卷"为例，添加一道单选题看看效果，如图 9.27 所示。

步骤三，添加和编辑完所有的题目之后，单击"完成编辑"并发布问卷，如图 9.28 所示。

步骤四，完成之后生成问卷链接，将链接复制给填写者作答，如图 9.29 所示。

步骤五，有了答卷之后到"分析＆下载""统计＆分析"里面查看统计结果。在"分析＆下载""查看下载答卷"中可下载原始数据。

当然了，问卷星还有其他更多的功能，需要大家在学习中探索。每个网站的问卷功能都不太相同，大家可以去寻找适合自己的。

【课后提升】

1. 整理好自己计算机里的文件，并截图发给老师。
2. 搜索 2 月 20 日后修改的大于 200KB 的 Word 文档。
3. 将自己所学的某一专业知识制作成思维导图。
4. 设计一个问卷并完成调查。

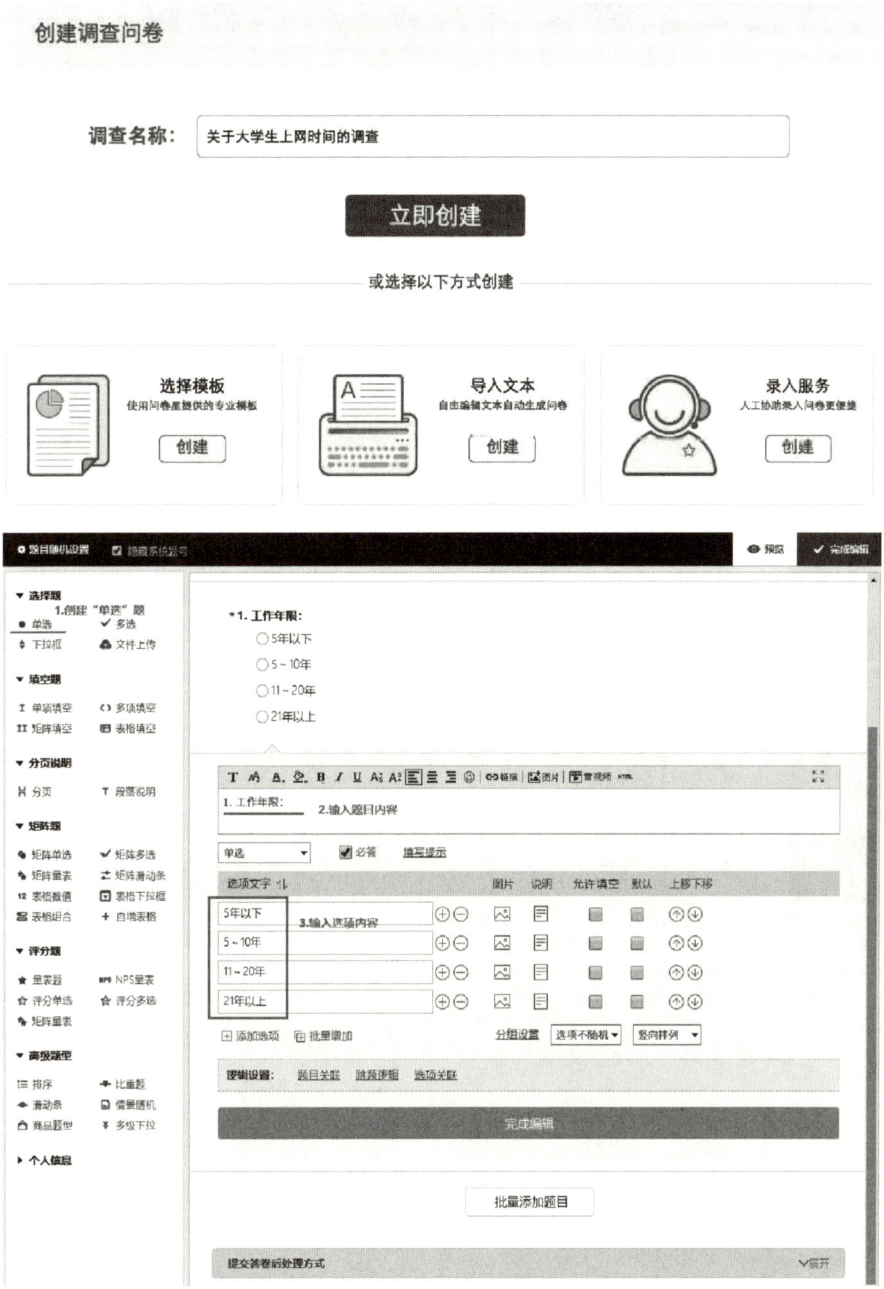

图 9.27　创建空白问卷并添加题目

图 9.28 完成编辑

图 9.29 发布链接

第 10 章
谨慎评估防泄露，智勇兼备方完全

信息素养——吾将上下而求索

【学习目标】

1. 掌握信息评估与鉴别的方法。
2. 远离谣言，谨防信息泄露。

一个人创造和复制信息的过程简单到不可思议，获取信息的途径多到前所未有。以前，多数情况下，我们去寻找信息，现在是信息向我们涌来，比以往任何时代都更汹涌，这也导致了信息过载的问题。信息涌向我们的方式有很多，我们辨别与评估信息的方式却很少。由于我们通过太多渠道获得了太多信息，辨别和掌控这些信息就成了一件极具挑战的事情，这就是信息资源的评估。

高质量的信息能帮助你决定买哪种车、去哪个医院、看哪个医生，成为一个精明的信息使用者也能让你在工作上变得更有能力、更高效。决定你人生成功与否的重要因素之一就是能否区分劣质信息与优质信息。

10.1 信息评估

信息时代有大量信息，这就要求我们必须掌握信息评估的技能。

【案例10.1】

有一天我发现电梯口贴了一张广告，如图10.1所示，我很心动，想要购买，但又怕被骗，应该怎么办？

面对这种很有诱惑性的信息，首先就需要进行思考。如此低价处理是为什么呢？打开搜索网页，发现这果然是个骗局，如图10.2所示。很多网友把自己的受骗经历分享出来，让其他网友不再上当。

这就是一种通过简单搜索进行的信息评估，通过这种方式就可以识别诈骗手段。

第 10 章　谨慎评估防泄露，智勇兼备方完全

图 10.1　电梯广告

图 10.2　搜索"电脑转让骗局"的结果

【案例10.2】

近日,一张20世纪40年代的老照片在网友之间的流传度颇高。照片中,一个衣着普通的小男孩坐在摆满大闸蟹的桌前津津有味地品尝着,破旧的桌椅和满桌的大闸蟹形成鲜明对比。图片下方,还附着这样一段令不少网友"抓狂"的文字"1945年的上海贫困家庭,靠吃阳澄湖大闸蟹勉强度日",如图10.3所示。

"没有像样的桌子,用铝锅生煤球炉,边上还有一个破竹筐……可人家却有一桌子,对,是一桌子的大闸蟹,看样子,只只不止3两!"不少网友跟帖回复,纷纷表达着自己想要"穿越"回那个年代的心愿。

图10.3 小男孩吃大闸蟹

【方法】评估上面这则信息

每到金秋螃蟹上市之际,这张图片便会被大范围地转发。无论是在论坛、贴吧还是微博等社交平台,在搜索栏中输入"贫困家庭吃大闸蟹"的时,都会出现不少关联信息。

这个信息到底是真是假,已无法穿越到当时去验证,但是我们却可以对信息进行评估。

当我们对信息进行评估时,我们可以立刻问自己几个问题:信息来自哪里？谁制造、发布了这些信息？信息的来源是什么？

通过网上信息搜索，我们得知该帖最初出现时题为"1945年上海一户穷人家吃的大闸蟹"，此后经过网友的多版本演绎，"一斤一只的大闸蟹""勉强度日"等吸引眼球的描述日益成为帖子的关键词，最终演变成"1945年上海穷人吃大闸蟹度日"。

该图片从2010年开始流传，最初的出处网页已无从查起，但是我们却获得一个信息，就是这个信息从来没有权威媒体发布过，这或许可以说明这是一个谣言。但要击破这个谣言，我们必须找到该图片的出处，这时我们就想到之前所学的以图搜图技术，通过这个技术很容易就获得了该图的出处，这张老照片出自美国摄影师沃特·阿鲁法特（Walter. Arrufat）之手。沃特1920年出生于美国纽约中南部城市宾哈顿，他是一位职业的婚礼和人物肖像摄影师。

我们在网页中找到了他的这部名叫"Shanghai in 1945"的完整摄影集。

这张图片位于这本摄影集的第八张，配图说明只有两个单词：Eating Crab，即吃螃蟹，除此再无其他说明。由此可见，图片是真实的，但是信息是谣言，有图不一定有真相。

从以上案例的分析过程中可以看出，我们不仅可以从信息的来源以及发布者来进行信息的真伪鉴别，还可以进行逻辑推理以及从信息的时效性上来判断。

【案例10.3】

2018年4月，长春某女大学生小雪，接到电话称其淘宝账号被盗，已被锁定冻结，需要联系淘宝客服办理激活或解冻，并给出了联系电话。小雪拨打了电话，并按照"工作人员"要求告知了账号、支付密码等信息，后银行卡中的3 000余元生活费被全部转空。我们该如何避免信息诈骗呢？

【方法】以消费陷阱为例

信息诈骗各种花招在信息时代屡见不鲜，尤其以电信诈骗、消费诈骗为甚。在低成本与高收益的诱惑下，诈骗手段逐渐从群发式行骗发展为靶向性精准行骗。以消费陷阱为例，主要有以下几种方式。

（1）低价代购诈骗。犯罪分子在微信朋友圈假冒正规微商，以优惠、打折、海外代购等为诱饵，待买家付款后，又以"商品被海关扣下，要加缴关税"等为由要求加付款项，一旦获取购货款则失去联系。

（2）购物平台退款诈骗。犯罪分子冒充淘宝等购物平台客服拨打电话或者发送短信谎称受害人拍下的货品缺货，需要退款，要求购买者提供银行卡号、密码等信息，进而实施诈骗。

（3）虚假购物网站诈骗。犯罪分子开设虚假购物网站或淘宝店铺，一旦事主下单购买商品，便称系统故障，订单出现问题，需要重新激活。随后，通过QQ发送虚假激活网址，受害人填写好淘宝账号、银行卡号、密码及验证码后，卡上金额即被划走。

（4）机票改签诈骗。犯罪分子冒充航空公司客服以"航班取消，提供退票、改签服务"为由，诱骗购票人员多次进行汇款操作，实施连环诈骗。

（5）钓鱼网站诈骗。犯罪分子以银行网银升级为由，要求事主登陆假冒银行的钓鱼网站，进而获取事主银行账户、网银密码及手机交易码等信息。

（6）快递签收诈骗。犯罪分子冒充快递人员拨打受害人电话，称其有快递需要签收但看不清具体地址、姓名，需提供详细信息便于送货上门。随后，快递公司人员将送上物品（假烟或假酒），一旦签收，犯罪分子再拨打电话称其已签收必须付款，否则讨债公司或黑社会将找麻烦。

【案例10.4】

长春某高校大学生小王看到一则招聘网络兼职人员的信息，这是一份给商家刷信誉的工作，非常清闲，不需要押金，并承诺每天至少赚百元。小王信以为真，便开始刷单，期初每天都能得到返还的本金及佣金，但是从第三单开始，客服就用各种理由推托返现，并要求小王持续刷单。为了拿回本金，小王只能继续刷单，最后刷单金额共计10 000余元，而此时客服人员也消失得无影无踪。怎样防止诈骗？

【方法】了解诈骗方式防止诈骗。

这种带有收益的诈骗形式，主要有以下几种。

（1）高薪招聘诈骗。犯罪分子通过群发信息，以月工资数万元的高薪招聘某类专业人士为幌子，要求事主到指定地点面试，随后以培训费、服装费、保证金等名义实施诈骗。

（2）兼职刷单诈骗。诈骗分子首先给应聘者下发两个比较小额的刷单任务，"按照约定"返还本金和佣金，充分赢得应聘者的信任。随后逐渐加大刷单任务的数量和金额，同时利用"必须刷满3单以上才能结算"等理由，诱骗应聘者继续投入本金。

（3）金融交易诈骗。犯罪分子以某某证券公司名义通过互联网、电话、短信等方式散布虚假个股内幕信息及走势，获取事主信任后，又引导其在自身搭建的虚假交易平台上购买期货、现货，从而骗取事主资金。

（4）兑换积分诈骗。犯罪分子拨打电话谎称受害人手机积分可以兑换智能手机，如果受害人同意兑换，对方就以补足差价等理由要求先汇款到指定账户；或者发短信提醒受害人信用卡积分可以兑换现金等，待受害人按照提供的网址输入银行卡号、密码等信息后，其银行账户的资金即被转走。

通过上面两个案例，电信诈骗通常以远程网络化、非接触的方式实施，面临着举证难、追赃更难的诸多问题。大学生们需要记住：只要歪门邪道不走，大利小利不占，谣言谎言不信，大钱小钱不转，诈骗就永远会被隔绝在身外。如果一旦遭遇了诈骗，一定要记得在第一时间找警察、找老师！

10.2 远离谣言

除了识别诈骗信息外，我们在生活中还有很多谣言，如何远离这些谣言呢？

【案例 10.5】

2020年1月，新型冠状病毒肺炎肆虐中华大地，全国人民都投入这场抵抗疫情的战斗中，疫情时时刻刻牵动人心。与抗疫进展信息相伴左右的还有大量的科普文章。然而，在微信群、朋友圈等社交媒体上和网络上，也充斥着各种关于新冠肺炎的传言，这些传言是真的吗？比如医护人员会带出病毒劝大家远离，比如盐水漱口防病毒，比如抽烟喝酒能防病毒等，干扰了防疫工作。对于谣言，我们除了有一颗谨慎的心之外，该如何去知晓那些已经被辟谣的谣言？

【方法1】离谱谣言不信、不传播。

中国工程院院士、传染病诊治国家重点实验室主任李兰娟接受媒体采访时曾说，75%的酒精是能够杀灭这个病毒的，建议大家定期消毒。这一说法在互联网上被广泛传播，甚至演变成各种版本的误传和谣言，最后就演变成了抽烟喝酒能防病毒。

从常识来分析，此为离谱谣言。抽烟会降低身体抵抗力，更易感染病毒，喝酒与酒精消毒完全是两码事。

这种就是稍稍分析下就能识破的谣言，对于这种谣言要谨慎对待，不信谣，不传谣。

【方法2】权威平台粉碎谣言。

对于隐藏得比较好的谣言，无法通过常识来确认，我们需要看一些权威平台的信息，比如人民日报、央视等。当然，也有一些平台制作了专栏把一些谣言整理出来统一辟谣，比如支付宝中的疫情谣言粉碎机就列举了疫情期间的各类谣言。

于日常生活中，我们可以通过网络搜索来识别谣言，这个在之前的章节已经有所介绍。另外，有一些网站专门也收集了一些日常谣言辟谣，比如中国科普网的谣言粉碎机等。

面对谣言，我们要做到以下几条。

一要学会理智分析。面对微博、贴吧、微信等互联网自媒体平台上出现的与疫情相关的不实信息，我们要保持冷静，学会理性分析，提高甄别信息真伪的能力，不为谣言所惑，不为谣言所动，避免不必要的焦虑和资源浪费，更不要编发不实信息，造成社会恐慌。

二要保持正确心态。谣言本身就是道听途说、捕风捉影。面对疫情，正确对待，坚定信心。

三要履行社会责任。网络空间是公共空间，不是法外之地，在网上发布信息、言论应遵守法律法规，对于编造、传播、散布谣言，扰乱社会秩序的违法行为，有关部门将依法查处，绝不姑息。疫情面前，每个人都应自重自律，不信谣，不传谣，更不能充当谣言传播的"二传手"，不给任何谣言可乘之机。这既是对自己负责，也是对他人和社会负责。

网络是个虚拟世界，但是利用网络传播谣言是违法行为，可能涉嫌犯罪，我们应提高识别谣言的能力，并做到不传谣，不造谣。

10.3 防信息泄露

【案例 10.6】

随着网络信息技术的高速发展，对个人信息的整理、收集和传输变得越来越容易。网上购物、聊天、发邮件、打印复印材料等行为会不经意"出卖"自己的姓名、身份证号、电话、住址等个人信息。这些个人信息一旦被泄露，可能就会被诈骗分子盯上并带来重大损失。如何才能避免信息泄露？

【方法】避免信息泄露注意事项。

（1）网络购物要谨防钓鱼网站。通过网络购买商品时，要仔细验看登录的网址，不要轻易接收和安装不明软件，要慎重填写银行账户和密码，谨防钓鱼网站，防止个人信息泄露造成经济损失。

提醒：在登录购物网站时要核实网站的域名是否正确，对商家从即时通信工具上发送的支付链接要谨慎对待，以防是钓鱼网站。

（2）妥善处置快递单、车票、购物小票等包含个人信息的单据。快递单含有网购者的姓名、电话、住址，车票、机票上印有购票者姓名、身份证号，购物小票上也包含部分姓名、银行卡号、消费记录等信息。不经意扔掉，可能会落入不法分子手中，导致个人信息泄露。

  提醒：对于已经废弃的包含个人信息的资料，一定要妥善处理好。

  （3）身份证复印件上要写明用途。银行、移动或联通营业厅、各类考试报名、参加网校学习班等很多地方都需要留存身份证复印件，甚至一些打印店、复印店利用便利，会将暂存在复印机硬件的客户信息资料存档留底。

  提醒：在提供身份证复印件时，要在含有身份信息区域注明"本复印件仅供用于……他用无效"和日期，复印完成后要清除复印机缓存。

  （4）简历只提供必要信息。目前，越来越多的人通过网上投简历的方式找工作，而简历中的个人信息一应俱全，有些公司在面试的时候会要求你填写一份所谓的"个人信息表"，上面要填家庭关系说明、父母名字、个人电话住址、毕业学校（详细到小学）、证明人（甚至还有学校证明人）甚至身份证号。

  提醒：一般情况下，简历中不要过于详细填写本人具体信息，尤其是家庭住址、身份证号等。

  （5）不在微博、群聊中透露个人信息。通过微博、QQ空间、贴吧、论坛和熟人互动时，有时会不自觉地说出或者标注对方姓名、职务、工作单位等真实信息。这些信息有可能会被不法分子利用，很多网上伪装身份实施的诈骗，都是利用了这些地方泄露的信息。

  提醒：在微博、QQ空间、贴吧、论坛等社交网络要尽可能避免透露或标注真实身份信息。

  （6）慎在微信中晒照片。有些家长在朋友圈晒的孩子照片包含孩子姓名、就读学校、所住小区，有些人喜欢晒火车票、登机牌，却忘了将姓名、身份证号、二维码等进行模糊处理，这些都是比较常见的个人信息泄露行为。此外，微信中"附近的人"这个设置，也经常被利用来看他人的照片。

  提醒：发照片时一定要谨慎，不发包含个人信息的照片，要通过设置分组来分享照片。

第 10 章　谨慎评估防泄露，智勇兼备方完全

（7）慎重参加网上调查活动。上网时经常会碰到各种"网络调查问卷"、购物抽奖活动或者申请免费邮寄资料、申请会员卡等活动，一般要求填写详细联系方式和家庭住址等个人信息。

提醒：参与此类活动前，要选择信誉可靠的网站认真核验对方的真实情况，不要贸然填写。

（8）慎用公共场所免费 WiFi。在智能手机的网络设置中选择了 WiFi 自动连接功能后，手机就会自动连接公共场所 WiFi。但是，WiFi 安全防护功能比较薄弱，黑客只需凭借一些简单设备就可盗取 WiFi 上任何用户名和密码。

提醒：使用无线 WiFi 登录网银或者支付宝时，可以通过专门的 APP 客户端访问。为了保护自己的个人信息，最好把 WiFi 连接设置为手动。

【课后提升】

1. 举例说说你在生活中遇到过哪些信息诈骗案例，跟大家分享一下。
2. 你有信息被泄露、接到掌握你信息的诈骗电话吗？跟大家分享一下你是怎么识别出来的。
3. 大家都喜欢在"双十一"购物，同学们可能网购了不少日常用品，很多同学可能都收到过如图 10.4 所示的信息，试判断该信息真伪。如果是骗局，弄清楚这到底是个什么骗局？

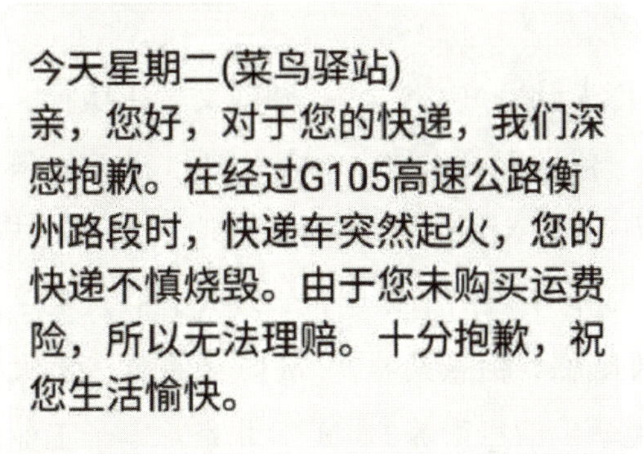

图 10.4　"双十一"期间收到的信息

参 考 文 献

[1] 柯平. 信息素养与信息检索概论 [M]. 天津：南开大学出版社，2005.

[2] 王吉庆，钟启泉. 信息素养论 [M]. 上海：上海教育出版社，1998.

[3] 邓晓音. 高校学生信息素养能力档案袋评价方法实证研究 [D]. 上海：上海交通大学，2013.

[4] 潘燕桃，肖鹏. 信息素养通识教程 [M]. 北京：高等教育出版社，2019.

[5] 徐红，郑海涛，朱旭刚. 信息素养 [M]. 北京：高等教育出版社，2016.

[6] 韩静娴. 信息素养教育理论与实践 [M]. 广州：世界图书出版广东有限公司，2014.

[7] 王馨. 网络环境下大学生信息素养现状及培养研究 [D]. 上海：同济大学，2007.

[8] 李维文. 六度人脉 [M]. 长沙：湖南文艺出版社，2013.

[9] 刘鸿，刘春. 信息素养与信息检索 [M]. 北京：科学出版社，2019.

[10] 周剑，王艳，Iris XIE. 世代特征，信息环境变迁与大学生信息素养教育创新 [J]. 中国图书馆学报，2015，41（4）：25-39.

[11] 张厚生，袁曦临. 信息素养? [M]. 南京：东南大学出版社，2007.

[12] 林豪慧. 大学生信息素养? [M]. 北京：电子工业出版社，2017.

[13] 刘芳，朱沙. 大学生信息素养与创新教育? [M]. 武汉：华中科技大学出版社，2017.

［14］厄普森，豪尔．怎样玩转信息：研究方法指南［M］．孙金库，译．成都：四川文艺出版社，2019．

［15］陈泉，郭利伟．信息素养与信息检索［M］．北京：清华大学出版社，2017．